共情沟通

如何让沟通具有超强穿透力

南勇◎著

江苏凤凰文艺出版社
JIANGSU PHOENIX LITERATURE AND ART PUBLISHING LTD

图书在版编目（CIP）数据

共情沟通 / 南勇著. -- 南京 : 江苏凤凰文艺出版
社, 2019.10
ISBN 978-7-5399-9491-8

Ⅰ. ①共… Ⅱ. ①南… Ⅲ. ①企业管理 – 组织管理学
Ⅳ. ①F272.9

中国版本图书馆CIP数据核字（2019）第166671号

共情沟通

南勇 著

出 版 人 张在健
责任编辑 唐 婧
特约编辑 王文彬
装帧设计 仙境设计室
责任印制 郝 旺
出版发行 江苏凤凰文艺出版社
南京市中央路 165 号，邮编：210009
网 址 http://www.jswenyi.com
印 刷 北京温林源印刷有限公司
开 本 690 毫米 ×980 毫米 1/16
印 张 16
字 数 250 千字
版 次 2019 年 10 月第 1 版 2019 年 10 月第 1 次印刷
书 号 ISBN 978-7-5399-9491-8
定 价 49.00 元

目录

前言

是谁打碎了花瓶？“有欲也刚”的沟通之道

一

一个朋友跟我讲过这样一个故事：说他们村里有一户人家，家里有三个亲兄弟。祖上传下的家产中有一个价值不菲的清代花瓶。兄弟三人自打成年、成家后就一直对这个花瓶的归属和分配事宜争执不休，足足争了将近 20 年。终于有一天，经过又一番激烈争执而依然无法达成共识的兄弟三人恼羞成怒，将这个花瓶狠狠地摔在地上，彻底断了所有人的念想。

要知道，这 20 年来花瓶的价格飙升了何止千倍，现在摔和 20 年前摔，毁掉的东西绝对不可同日而语。然而，有意思的是，毁掉了花瓶之后，兄弟三人非但没有更加彼此仇视，反而化干戈为玉帛，相处得比以往更融洽了。

这个故事的架构、逻辑以及潜在的道理似乎不用我告诉大家。不出所料的话，基本上所有人都会以“金钱（利益）是魔鬼，最好敬而远之”这一“标准答案”来为其定性。不过，如果仅仅为了导出一个如此单纯的“真理”，那么我是不会把这样一个无聊的小故事呈现给大家的。我之所以要讲这个故事，肯定有我的道理。

在我们这个世界上，几乎每一个人都曾在不同程度上把“无欲则刚”这句话当成颠扑不破的真理予以信奉。可实际上，每一个人心里都清楚，这四个字只存在书本中，在现实世界里可以提倡，但绝不是所有人都能做到。道理很简单，因为这四个字不符合人性，甚至有着反人性的特质。如果人类真的大力践行“无欲则刚”的价值观，恐怕人类本身的生存跟现在大不相同。因为这种价值观只存在于佛教界，可如果每个人都出家当和尚，彻底做到“四大皆空”的话，人类的繁衍生息又该怎么进行？

可见，过度宣扬“无欲则刚”是不实事求是的。现在的问题在于，每一个人都离不开“欲”，而且没必要也不应该离开“欲”。那么，如何才能在“有欲”的情况下也能做到“刚”呢？

简单，只要你懂得如何把控和如何沟通，你就能做到“有欲也刚”。

就拿前面提到的三兄弟的故事来说，一个好好的价值连城的花瓶本来是可以改变三兄弟命运的，难道非要打碎它，才能换回兄弟之间的亲情吗？

即便事实如此，这也还是未免太过荒诞、太过可悲了。如果兄弟们能够进行高质量的沟通，并恰到好处地把控住自己的“欲望”，合理地解决归属和利益分配问题，事情显然可以有一个更美好的结局。

沟通技巧的欠缺，对这个家庭造成的深远影响是不可估量的。我敢保证，打碎花瓶后，即使兄弟三人暂时找回了久违的和平，心中那道深深的伤口也不会彻底愈合。何止不会愈合，也许它会随着时间的流逝慢慢发炎，且炎症会越来越重。迟早有一天，伤口会彻底崩裂，并再一次摧毁这个家庭勉力维持的脆弱和谐。只不过到那个时候，挽回事态的唯一媒介——花瓶，已经不复存在……

这样的案例，在职场中也是普遍存在的。我们身边的几乎每一家公司，都像极了拥有三兄弟的那家农户，所有成员整天都在为争抢花瓶的份额不停缠斗，折腾得不可开交。唯一不同的是，对于任何一家公司而言，花瓶都是不可打碎的。无论好分、难分，都必须硬着头皮分下去。

这就要了亲命了。我们可以看到，每一个公司领导都活脱地像个救火队员，一天到晚四处灭火，可四周却依然火情不断，直搞得他们焦头烂额、徒呼奈何！

可见，失去“打碎花瓶”这一终极选项，公司领导手里就只剩“沟通”这张王牌，可残酷的事实告诉我们，这张牌，绝大部分人都不会用，至少是不善于用。

因此，对于公司而言，把“沟通”当成事儿，好好地研究一番，已经不是一句简单的口号，而是一个生死攸关的重大课题。

二

许多人都看过“三个和尚”的故事。故事的梗概是这样的：当山上的小庙里只有一个和尚的时候，他独自下山挑水，生活无忧。后来又来了一个和尚，变成两个人去挑水，却由于利益分配不均而发生许多矛盾，从而让两个人都对挑水失去了兴趣和动机。等到第三个和尚到来后，矛盾愈演愈烈，三个人干脆均放弃了挑水，结果差点都被渴死。不过，这个故事的作者还是给了我们一个大团圆式的结尾：在死扛了一段时间之后，快渴死的三个和尚终于扛不住了，求生的本能最终战胜了心中的小算盘。三人重归于好，不再计较个人得失，并争先恐后地去挑水。这个本不应成为问题的问题终于得到了解决。

作家试图给我们讲述这样一个道理：人心齐，泰山移；兄弟齐心，其利断金。与其争斗不休，大家都受损，不如通力合作，大家均受益。

坦白说，这个道理是不错的。然而，问题是，这个道理是否可以，或者说是否应该，通过一个如此单纯又如此极端的契机去实现，即大家很可能活活渴死。

对这一点，我个人持怀疑态度。事实上，没有人会如此愚蠢，宁可渴死也要死守在小庙里。显然，一个相对更合理的选择是“树倒猢狲散”——大家都离开那座小庙，各自寻找新的归宿和新的前途。

说白了，这其实还是一个“打碎花瓶”的做法。

公司也一样。“公司兴，个人兴；公司亡，个人亡”，每个公司领导时常会以这一冠冕堂皇的理念为借口，试图向不安分的公司员工施压，期待他们能够顾全大局，学会妥协和牺牲。然而，几乎从来就没有什么人会对这种陈词滥调真正在意，更别提身体力行了。

为什么会这样？主要存在两个原因。

其一，“公司的兴亡”不是一朝一夕之事。对这种耸人听闻的话题，公司员工根本就没有感觉。相反，自身的利益才是真正的大事，每时每刻每分每秒都有切肤实感。两相比较，孰远孰近、孰轻孰重，一目了然。

其二，即便是公司“亡”了，也无所谓，“此处不留爷，自有留爷处”。这个世界上有许多庙，一座庙倒下去，大不了再找一座新庙就完了。

看见没有，无论你愿不愿意承认，其实对绝大多数公司的绝大多数成员而言，“公司员工的兴亡”根本就是一个伪命题，没有人会真正关心，真正在意。

不过，如果这种情况不改变，还有一个不折不扣的真命题在等待着我们的公司领导——一个连自己人都不关心其兴亡的公司，肯定会灭亡，只是时间早晚而已。

归根结底，改变这一切的钥匙，还是在于那两个字：沟通。

第一章

沟通的本质：
追求“上上策”的高效途径

第一节 “沟”的原则：以最低的成本解决矛盾

如果有可能，沟通应该尽量频繁。最好能够做到“事无巨细”“随时随地”。

让我们重回沟通的原点，看一看沟通的本质是什么。何谓沟通？这个概念有两层意思。第一层意思和“沟”字有关，这意味着要在当事双方之间架设一座桥梁；第二层意思与“通”字有关，这意味着桥梁必须是畅通的，不能徒有其表。

显然，这两者之间的关系是相辅相成的，缺一不可：没有“沟”，则“通”就失去了前提；没有“通”，则即便你花大力气建好了“沟”的桥梁也白搭，纯属瞎耽误工夫。那么，在职场中，和沟通有关系的现实问题到底都有哪些呢？这要从两方面来看。一方面是“沟”的问题；一方面是“通”的问题。

先来聊聊团队里与“沟”有关的那些事。

平心而论，我们中国人的口才普遍都不错，也非常喜欢表现自己，可遗憾的是，中国人似乎普遍不善沟通，甚至不愿沟通，遇到问题宁可藏在心里，或者期待时间的流逝能够带来问题自行解决的结果，或者干脆憋在心里和对方较劲。**简而言之一句话，中国人不善**

于发起沟通。似乎谁先迈出第一步，谁就会失了气势（失去气势对我们而言往往意味着自认理亏，等于从一开始就丢掉了自我主张的正当性，乃至正义性），没了立场，自己就会陷入被动挨打的局面。

归根结底，这里面有一个面子的问题，还有一个习惯的问题。可无论怎么说，这种心态也是要不得的。抱有这样的心态，任何问题和矛盾都解决不了，只能两败俱伤，一起吃亏。大道理或许谁都懂。然而，遇到实际事情时，惯性和面子的力量就会凸现出来，让我们举步维艰，迟迟不愿迈出第一步。因此，单纯地强调放弃面子、克服习惯似乎没有太大的说服力，要想一劳永逸地解决“迈出第一步”的问题，还得另辟蹊径。

方法也很简单。只有一条，那就是掌握高超的沟通技巧。既然迈出第一步往往意味着丢面子、失气势，那弥补这一短板的唯一办法就是，练就一身沟通的好功夫。即使对方一时占了点小便宜，他也会在转瞬间败于你灵活的身手之下。所谓“艺高人胆大”，就是这个道理。只要你身怀绝技，这第一步，就能很轻松地迈出去。关于沟通的具体技巧，我们还要在后面的文章中详细讨论，这里不再赘述。现在，让我们来看一看和沟通有关的若干原则。

先来说一说这个“沟”。有如下几个原则。

频度原则：别让心结变为沟通中的死结

如果有可能，沟通应该尽量频繁。最好能够做到“事无巨细”“随时随地”。

许多人也许认为，一些鸡毛蒜皮的问题没必要诉诸沟通。过于频繁的沟通会给人留下一种特别“事儿”的感觉，会招致他人的反感。对此，我有不同的意见。

不知大家发现没有，在中国人（乃至整个东方儒家文化圈）的人际关系中，特别容易留下非常沉重、非常深刻、非常繁多、非常复杂的心结。可遗憾的是，这种心结现象的普遍性、严重性和破坏性，却往往容易被我们绝大多数人所忽略。一直等到某一天，某种心结突然崩裂爆发并带来毁灭性的后果，我们才会或恍然大悟、醍醐灌顶，或呆若木鸡、不明就里。

这样的例子有很多。有时候，越是关系亲密的人之间，反而越容易发生这样的现象。记得曾经在网上看过这样一个外国电视节目的视频。某家电视台随机挑选了几组号称绝对“铁哥们儿”或“铁姐们儿”的好朋友，在预先告知他们“对方完全不知情”的情况下，对他们进行现场采访，让他们随心所欲地发表对自己好朋友的见解。令人惊讶的一幕出现了。几乎无一例外的，所有的被采访者都开始揭自己小伙伴的短，有的甚至达到控诉的程度。换句话说，所有人都说了许多朋友的“坏话”，彼此之间相互指责，没有一个人能够幸免。

采访完毕，电视台将相关视频放给这些年轻人看，结果每一个人都被眼前的影像震惊了。他们不敢相信自己的眼睛和耳朵，因为以视频内容的恶劣性质来看，别说继续做朋友，即便对这些揭自己短的小伙伴给予适当的处罚都不算过分。

具有讽刺意味的是，他们中的每一个人，都对自己的朋友做了相同的事。可在看到视频后，却对自己的行为完全无感，只对朋友的行为倍感委屈、深表遗憾。

这些年轻人大惑不解，不知道为什么事情会变成这样。平时大家相处得都很愉快，彼此都说好听的话，从未红过脸。何况自己向来脾气温和，做事低调，从不得罪人（这一点是实话。因为被调查的年轻人看起来似乎个性都不错，几乎个个儿都是一副善人相，鲜少有脾气暴烈的主儿）。怎么就至于在同伴心中混到这份儿上了呢？

其实道理很简单，无论关系多好的朋友，在个性、价值观、思维、处事和说话方式等方面，都不可能做到彼此彻底契合。即便适当的互相迁就、互相适应、互相妥协是需要的，做到完美契合也完全是不可能的，也完全是没必要的。这就意味着无论彼此关系多铁，好朋友之间也会发生摩擦。更重要的是，正因为大家的个性气质非常接近，关系非常密切，这种摩擦往往很细微，不容易被察觉，抑或即便被察觉到，也不容易被看作是一个有解决必要的问题。

因此，越是无话不谈的好朋友，反而常常越容易在关键时刻无话可谈，彼此任由不健康的情绪慢慢沉淀下来，然后越积越多，直至招来毁灭性的后果。

话说回来，别说是两姓旁人，即便是亲兄弟姐妹，平时处得好好的，因为一个不起眼的由头忽然之间翻脸反目的事情，在你我身边也一点不少见。这就足以证明了“心结现象”以及由其引发的“情绪炸弹”的威力。

因此，任何负面情绪的积累都是有害的，这样做极容易形成心结。千万不要天真地以为，你可以凭借自己的学识、修养、忍耐力，抑或所谓的好性格，消化掉这些心结。这种做法完全是自欺欺人，其唯一的效果就是加重心结，而不是相反。因此，及时沟通、随时随地地沟通无比重要。**只要你错过了事发时的第一个沟通机会，基本上这件事以及与其有关的情绪就会在你心中淤积下来。因为一旦错过了最佳时机，时过境迁之后再重新启齿将是非常艰难的。负面情绪一旦淤积下来，想不让它们积累发酵都难。**那么，最终“解决”问题的，也只能是一场鱼死网破、同归于尽的大爆发。

可能很多人觉得，这样的事情往往更容易发生在女性身上，因为女人比较感性，心眼小，所以更容易淤积小情绪，酝酿大情绪。如果你这么想，说明你不太了解男人，其实男人之间的心结往往比女人更严重，更离谱，更具有毁灭性。

我们经常会听到对某个男人的这种评价：五大三粗的汉子，那心眼儿比针尖儿还细，还不如女人家。不过，这样的说法，还真是极大地误解了男人。因为归根结底，男人的小家子气和心眼无关，而和自尊有关。

相较于女人，男人的自尊心更强，表现欲、表达能力甚至表现方式却十分有限：一来碍于自尊不愿表现；二来嘴上功夫又不占优；三来受古训所累，不能动不动就使性子，更别提“一哭二闹三上吊了”。因此，一方面自尊心超强，一方面又不知如何发泄，抑或根本就无从发泄，这就使得情绪只能淤积在心里，直至最后膨胀为一个大大的心结。这就是男人“小心眼”的真相。因此，相较于女人而言，沟通对于男人的意义更加非同一般，万万不可小觑。

在这一点上，西方人就比我们东方人强得多。任何看过西方影视剧的人都会对他们的生存状态印象颇深，那就是talk（说）、talk、talk，不停地talk！在我的印象里，十个西方人当中有九个是“话痨”。让他们一天不说话能活活憋死他们。可就是因为这种无所不在的沟通，使得西方人之间的心结远远少于我们。西方人之间的人际关系，也往往要比我们这里简单、明快、舒服得多。对于这一点，相信任何一个有过海外生活经验的国人都会感同身受。这就是我们需要学习的榜样，需要赶超的对象。

也许有人说：你讲的这些道理我都懂，可现在的问题是，既然大家都是好朋友，你让我如何开口呢？！这种事情一旦说出来，肯定特别伤感情，将来这朋友可怎么做啊！我能理解你的苦衷。有这种想法是很自然的。因此，解决问题的办法只有一个，那就是既能做到随时沟通，又不至于伤害到对方。

其实，要做到这一点也并不难。及时沟通本身就有避免尴尬的效果。你说得越早，越快，心理负担就会越轻，情感成本也会越小，事情也就越容易解决。而且，许多矛盾和冲突往往源于彼此误会，而化解误会的最佳时间点就是产生误会的那一刻。一旦错过这个机会，九成以上的误会将永无化解的可能。

分寸原则：过于情绪化会摧毁一切

如果想做到既能充分沟通彼此的所思所想，又不至于伤到大家早已习惯的默契与和气，那么在沟通的时候就一定要把握必要的分寸感。简而言之，就是要做到心平气和、克制冲动，严防意气用事。

有句俗话：“冲动是魔鬼。”人际关系就像脆弱的瓶子，砸坏它很容易，修补起来却很难。在一个完全破损的人际关系环境中，奢谈高质量的沟通就如痴人说梦。不客气地说，当事人不当场翻脸就已经算不错的结果了。

不过，必须承认人性中存在着某种顽固的习惯，导致尽管我们“一而再，再而三”地吃亏、懊悔，却“一而再，再而三”地重蹈覆辙。那种感觉就像明知摸电门很危险，却总是按捺不住摸电门的冲动一样。

人的这种本性也许可以被称为“自虐”，具有极大的顽固性和毁灭性。为了获得一个良好的人际关系环境，以便我们的沟通能够顺利进行，必须想办法彻底克服它。给大家支上一招。

巧用“一秒钟法则”，让自己从情绪的奴隶变成情绪的主人。情绪这个东西很有意思，它的特征是来得快，去得也快。**不管多么突然、多么猛烈的情绪，只要你能在它发生的瞬间将其叫停一秒钟，没错，仅仅一秒钟就行，这股猛烈的情绪就有极大的可能在瞬间弱化，甚至消失得无影无踪。**

当然，“冰冻三尺，非一日之寒”，对大多数人而言，这种“一秒钟技法”都不可能在短短的一秒钟之内彻底掌握。学会这项本领，需要一个有意识的训练过程。考虑到情绪管理对于沟通，对于团队中的人际环境，乃至对于整个人生的重要性，这种非常简单的训练绝对值得尝试一下。

共情原则：善意是最好的黏合剂

人们在沟通的时候，往往还容易犯一个错误，那就是只强调自己的关切，完全无视对方的关切。这就是沟通过程中最典型的“自说自话”现象。

显然，自说自话，尽管在表面上看似乎也“沟”了，但完全没有“通”的可能。这样的“沟通”，只能让彼此渐行渐远，绝无可能亦步亦趋。因此纯属瞎耽误工夫，白浪费唾沫。

话又说回来，自说自话本无不可，强调自己的关切也是天经地义的。正因为我们希望对方了解自己的关切，才会产生与其沟通的需要与动机，可现在的问题是，如果沟通的结果没能让对方了解并理解自己的关切，那岂不是徒劳无功？因此，正因为你需要对方了解你的关切，你才更应该学会共情，先从了解乃至理解对方的关切入手，去解决你们之间的问题。这才是真正的捷径。只有这样做，才能使你更容易达到预期的目的。

需要特别强调的一点是，了解和理解对方的关切，与赞同对方的关切是两码事，千万不可混为一谈。也许对你而言，对方错得彻底、错得离谱，自己完全没有任何苟同的余地。然而，即便如此，你也要学会了解和理解。之所以这样说，有以下两个原因：

- **让你自己心平气和**。尝试了解和理解对方关切的过程，是一个抚平你自己激烈情绪的过程。无论有多么不心甘情愿，无论对方的错误有多么荒谬、多么令你无法容忍，只要你开始尝试站在对方的角度考虑问题，那么最起码你就能成功地让自己冷静下来，将自己关注的焦点从“为什么”转移到“怎么办”上面来。也就是说，你的重心，将会从单纯的情绪发泄转移到积极的解决问题上面来，这样的重心转移将让你的沟通技巧和沟通过程更具建设性，因此也更加富有效率。
- **让对方心平气和**。相信我，人的情绪具有极大的传染性。尤其是处于情绪对抗中的人，一方情绪哪怕有最细微的改变，都会准确无误地传递给对方，从而促使（或迫使）对方做出相应的改变。因此，你的任何强硬，都会令对方更强硬；反之，你的任何善意，也会立刻换回对方的善意。情绪对立越激烈，这种现象就越明显。因为激烈的情绪对抗，对于任何一方来说都是一种沉重的精神负荷，容易使人精疲力竭、不堪其扰。因此，这个时候如果有任何一方主动释放善意，那无异于给了对方一个台阶下，对方一定会求之不得。很显然，

> 能够共情，站在对方的立场看问题，试图对对方的关切给予理解的举动，本身就是一种典型的善意。一定会换来一种理想的沟通氛围和结果。

当然，不可否认的是，我们这个世界上还存在着一种不知好歹的人，他们会将你的善意视为一种软弱，在你的善意面前不但不收敛，反而还会“蹬鼻子上脸”，越来越得寸进尺。

这样的人比较讨厌，也比较棘手。不过，即便面对这种人，共情也是必要的。道理很简单，对方之所以得寸进尺，其目的无非是为了激怒你，让你在暴怒中乱了分寸，他们好乘势占你的便宜。因此，主动往对方枪口上撞，让对方牵着鼻子走显然不是上策。**为了在博弈中战胜对方，使其乖乖就范，你还是要沉下心来，站在对方的立场上，钻到对方的逻辑中去寻找他的软肋和破绽，这样才能一招取胜，迅速结束这场消耗战。**总之，无论对方能否做到心平气和，只要你自己先做到这一点，便已然胜券在握了。

关于“共情”这个问题，还有一点需要高度注意，那就是不要预设敌意。这个东西的危害很大。一旦有了敌意，任何沟通都会在瞬间演变成一场短兵相接、针锋相对的战争，而一旦任何一方挑起了战争，后果不堪设想。

小结

正因为你希望对方了解你的关切，你才更应该学会共情，先从了解乃至理解对方的关切入手，去解决你们之间的问题。这才是真正的捷径。

第二节　“通”的逻辑：共情的基础是共赢

沟通的目的是为了实现共赢，而共赢的基础是共情。在沟通过程中，任何强调牺牲的企图和行为都是错误的，唯一正确的办法，只能是强调利益。

说完了“沟”，我们再来聊聊“通”的话题。让我们再一次重回沟通的原点，看一看沟通的起因和目的到底是什么。

问题1：为什么要沟通？

因为当事人之间发生了利益的冲突与纠葛，所以产生了沟通的必要。

问题2：沟通的目的是什么？

是为了协调和解决冲突，让当事人都能获得最大化的利益。

可见，“获得利益”是解决问题的唯一途径，因此，在沟通过程中，任何强调牺牲的企图和行为都是错误的，唯一正确的办法，只能是强调利益。

这一点，是决定沟通成败的关键，务必予以正确的认识。遗憾的是，在沟通实践中，我们往往会本能地忽略这一点，一厢情愿地希望对方能够做出牺牲，从而成全自己的利益。如果当事双方都秉持这一立场进行沟通，显然永远会让沟通处于一种平行线的状态，永远找不到交点，永远无法解决问题。

有人可能会说："你这不是废话吗？正因为我方想得到最大化的利益，所以才会要求对方做出牺牲和让步啊！如果对方不愿意这样做，我方的利益又如何保证呢？换句话说，如果我方的利益得不到有力的保证，到头来还得由我方做出牺牲和让步，那何必硬要进行这种无意义的沟通，让自己做赔本生意呢？"

坦白说，我能理解你的关切，不过，显然你误解了我的意思。**我认为，从某种意义上讲，过分地强调"牺牲"和"让步"是一种强迫症式的思维方式。这种思维方式本身，就注定了沟通必然会以失败告终。**试问，如果从一开始便直奔"失"而去，完全放弃对"得"的追求，这样的沟通如何能够修成正果？

因此，我想强调的是，在沟通的过程中，任何一方都没有必要做出牺牲。因为天下所有的沟通都不会仅仅是一种零和游戏，一定存在着某种互利共赢的可能。道理很简单，就像一枚硬币总有正反两面一样，世界上的所有事物也都具备着两面性，甚至多面性。这些不同的方面彼此盘根交错，互相影响，互为因果。这种情况既增加了问题的复杂性，也提供了解决问题的可能性。只要你有足够的耐心和智慧，去清理这团无序的乱麻，就一定能够理清头绪，越过它们之间的并集，找到它们之间的交集。如果你的本事足够大，你甚至可以从一团乱麻中人为地创造出这样的交集来。当然，要想做到这一点，完全取决于你如何对待这个"利"字。

古人云："天下熙熙皆为利来，天下攘攘皆为利往。"这就雄辩地证明了人类的任何社会活动，都是围绕着“利”这个字进行的。兴利除弊是人类的本能，任何违背这一原则的人和事都注定要失败。不过，在任何人类社会活动中，利益的纠葛和冲突都是一种常态，因此才有了沟通的必要；而互利共赢，则是所有沟通必须到达的终点。**反过来说，如果沟通的结果能够分出输赢，这样的结果往往是脆弱的，靠不住的，它会酝酿出更多、更深刻的纠葛和冲突，迟早会带来更加灾难性的后果。**

举一个非常简单的例子。我们都知道，人类的历史，就是一部战争史。之所以会发生这么多的战争 ，原因肯定是多方面的。但主要的因素是个别超级大国和利欲熏心、利令智昏的野心家，企图以武力征服世界，以实现自己的霸权企图，其结果往往不妙。比如一战、二战的发动者，最终是搬起石头砸了自己的脚，下场可悲，遗臭万年。但是，战争能否避免？古往今来的历史证明，有的战争是必然的，是弱肉强食的利益驱动，任何时候，包括当下都随时可能爆发局部战争，这是不依人的意志为转移的。然而，有的战争即将爆发，但因为有明智的政治家或国家领导人，及时恰当地进行外交谈判和斡旋，就可能将战火瞬间熄灭。由此可见，外交沟通对于世界是多么重要！

职场中的沟通也是如此。当围绕利益的博弈发生时，当事双方之间只要存在一个真正的沟通高手，一触即发的危机（博弈尖锐化导致的人际关系“战争”）便会瞬间化解于无形。

显然，这样的高手一定不会把“牺牲”和“让步”这些愚蠢的词汇挂在嘴边，因为那样做无异于火上浇油，其本质几乎等同于挑衅。相反，他必然深刻地领悟了利益对当事双方的重要性，娴熟地掌握了让所有人都得利的共情方法。

那么，接下来的问题就是，在实际操作中，我们应该如何运用好

“利益”这把利器呢？

请看下面这个小例子。假设你是一个小男孩的父亲，你的儿子正在开心地玩着一个心爱的玩具。这个时候，隔壁家的小孩（年龄比你儿子小）也被这个好玩的玩具吸引，径直跑过来向你儿子索要。你儿子不肯，两个小孩争执了起来。

这个时候，你会怎么办？

我们可以设想以下3种场景。

场景1：毫不犹豫地训斥自己的儿子：你是大哥哥，就应该让着小弟弟，怎么能跟小弟弟争抢呢？快把玩具给小弟弟，他玩完了你再玩！

场景2：蹲下来劝说自己的儿子，耐心地给他讲道理：小朋友之间应该互相帮助对不对？你有好玩的玩具给弟弟玩，弟弟有好玩的玩具也可以给你玩啊！听说小弟弟家有好多好玩的玩具呢，今天你把自己的玩具让给他，明天他就会把他的玩具让给你了！

场景3：蹲下来冲着儿子伸出大拇指，大声地夸奖他：上次你把玩具让给隔壁家的小明玩儿，小明的爸爸妈妈见了我一个劲儿地夸你“真不愧是一个大哥哥”呢！听说他们家小明打那儿以后可崇拜你了，见谁都说：“我哥哥最棒了，走哪儿都罩着我！”你瞧瞧你多厉害，都有自己的小粉丝了！

以上这3种场景，都是我们在日常生活中经常会见到的。不过，3种不同的应对方式，包含着不同的沟通理念和技巧，而且这些理念与技巧所带来的结果也各不相同。不知你悟出来了吗？

让我们一起来看一下。

先从结果说起。

场景 1：儿子流着眼泪，很不情愿地把玩具交给小弟弟。

场景 2：儿子迟疑了一会儿，终于下定决心把玩具让给小弟弟。

场景 3：儿子二话不说，高兴地把玩具让给了小弟弟。

相信这样的推理大家都不会表示质疑。可为什么同样的一件事情，处理方式不同会带来如此不同的结果呢？

奥妙就在于这个“利”字上面。具体地说，场景 1 的处理方式是强调“利益的牺牲”（让儿子放弃玩玩具的快乐，小弟弟独享玩玩具的快乐），是一种零和博弈的做法；场景 2 的处理方式强调的是“利益的交换”（让儿子和小弟弟分享玩玩具的快乐），是一种利益平衡的做法；场景 3 的处理方式是强调“利益的获得”（让儿子独享做大哥哥的快乐，小弟弟独享玩玩具的快乐），是一种利益最大化的做法。

显然，场景 3、场景 2、场景 1 的处理方式分别代表着上策、中策、下策（意味着“双方都能做到独享”大于“分享”；“分享”大于“一方牺牲，一方独享”），结果自然会大相径庭。

因此，沟通成功的秘诀在于，放弃下策（不要强调牺牲和让步），选择中策（通过利益的交换来平衡各方的利益），追求上策（发现或创造契机，让当事双方或多方都能得到最大化的利益）。

也许有人会说：“你这是歪理！强调牺牲和让步没有错。”自古以来老祖宗就教导我们“你敬我一尺，我敬你一丈”。只要大家都能够做到互相礼让，这个世界就会充满和谐。如果每个人的脑子里都只想着利益，而想不到牺牲和让步，我们这个世界岂不是要道德沦丧、天下大乱？

首先，我承认自己的观点有一些过激。其实，我也是个不折不扣的“妥协论者”，我甚至认为人生最重要的素养与智慧之一就是，敢于和善于妥协。我之所以会在这里以较为过激的方式否定牺牲和让步的价值，是想尽力唤醒大家的注意，亦即牺牲和让步并不总是必需的。“所有当事者都能独享最大化的利益”，这一沟通的终极目标不应该从一开始就被放弃。只要我们冲破迷信，不懈追求，就算不能达到最佳效果，就算我们仍然不得不面对牺牲和让步，这种牺牲和让步的损失也会被控制在最小限度。

其实，话又说回来，将牺牲和让步绝对化，完全不容置疑，本身也是一种过激的思维和行为方式，并不符合儒家的中庸思想。万事皆有可能，就看你敢不敢想，敢不敢做，敢不敢面对，敢不敢承担。

那么，在我们竭尽全力追求沟通的最佳效果之后，依然不得不面对某种程度的牺牲和让步之时，应该如何处理沟通的技巧问题呢？

这里面主要有以下几个要点。

说服：逻辑上要够犀利

要想让别人心安理得、心甘情愿地接受牺牲和让步的沟通条件，首先你的理由一定要足够充分，具有强大的说服力。

必须强调的是，这个东西既和高超的口才有关，又不能完全依靠口才。否则，即便你能暂时忽悠对方相信你，如果不懂共情并以逻辑做后盾，这层窗户纸迟早也会被捅破的。

在这一点上，阿里巴巴的老板马云可谓不折不扣的个中翘楚。作为一位普普通通的民间人士，他居然能靠着白手起家这招，成功地让一个又一个沟通对象对暂时的利益牺牲甘之若饴，心甘情愿地接受他的主张，投入他的麾下，跟着他一起去做那些匪夷所思的疯狂事。其最根本的原因之一，就是因为懂共情且逻辑足够强大。当然，马云本人逆天的口才也居功至伟，但如果不以共情且和逻辑做后盾，那么那些人是不可能被他成功说服的。要知道，马云曾经只用 3 分钟时间便轻而易举地说服他的十八罗汉，放弃北京的优厚待遇和足以令他人艳羡不已的事业前景，跟他回家乡去领每月 500 元人民币的微薄薪水；只和蔡崇信在西湖泛舟一次，就让这位国际级精英心甘情愿地放弃年薪几百万港元的金领工作和西方上流社会的优越生活，跟着他一头钻进那间充满传奇色彩的、逼仄的普通民宅，穿着背心挥汗如雨；只用区区 6 分钟时间，他便成功地说服世界级大佬兼日本首富孙正义慷慨解囊，潇洒地开出一纸价值 2000 万美元的现金支票（实际上是 3000 万美元，马云只拿了 2000 万美元）……你想，阿里巴巴十八罗汉、蔡崇信、孙正义……这些人物是吃干饭的吗？凭什么为一个籍籍无名的民间英文老师投资？除了马云的理由和逻辑拥有无与伦比的强大说服力之外，恐怕很难找到更多合理的解释了。

愿景：善于利用个人魅力

如果你做到这一点，你的一言一行便会被神化，因此也便自然而然地拥有了说服力与正当性，能够相对容易地让他人接受你所提出的牺牲和让步的沟通条件。

三国时期的枭雄曹操之所以能在自己的军事生涯中留下“望梅止

渴”（通过开空头支票成功激励了军人的士气）的佳话，就是因为在长年征战中积累起来的枭雄身份已然深入人心，被世人（当然也包括他自己的部下）捧上了神坛。神仙发话了，自然错不了。哪怕上一回当，也是心甘情愿、无怨无悔。这样的案例古今中外还有很多，这里不再赘述。

顺便说一句，创业初期的马云之所以能让那么多人唯自己马首是瞻，几乎在与各类对象的沟通过程中所向披靡、鲜遭败绩，其中很重要的一个原因就是此人具有强烈的个人魅力。至少在与其接触过的人当中，他总能迅速地登上神坛，让这些人无条件地拜倒于他惊人的个人魅力之下。不过，问题在于，仅靠个人魅力，是不可能让相同的局面长久地持续下去的。如果马云不能用实际作为证明自己，这种被神化了的光环将会迅速褪去。那之后将没有任何人会将他说的话当真。好在他争气，最终用一系列惊人的成功将自己打造成一个名副其实的领袖级人物。

信用：人无信而不立

即便伟岸如曹操，如果他“一而再，再而三”地故伎重施，反复对手下使用“望梅止渴”这一招，恐怕这一招也会很快失灵。曹操尚且如此，更别提我们这些无名之辈了。因此，要想让别人接受你关于牺牲和让步的沟通条件，你首先要确保自己拥有良好的信用记录，这是重要前提。

上述三点，无一例外都和“利”字相关——只有理由充分、领导靠谱、信用良好，当事人才会认定自己的利益能够得到保障。只有这样，暂时的牺牲才是一件真正说得通的事情。

小结

沟通成功的秘诀在于，放弃下策（不要强调牺牲和让步）；选择中策（通过利益的交换来平衡各方的利益）；追求上策（发现或创造契机，让当事双方或多方都能得到最大化的利益）。

第三节　沟通陷阱：失信是沟通的最大杀手

如果你想让别人承受你所希望的牺牲，那么一定要让他们觉得有奔头才行，而且这个奔头必须是他们能够用肉眼看得到的。

特别需要强调的一点是，即便你成功地说服了对方接受你的沟通条件，也并不意味着万事大吉，这里面还存在着一个如何兑现承诺的问题。原因很简单，对方的任何牺牲和让步，都是以未来的某个时间点所预期获得的更高回报为代价的。如果不能很好地兑现这种回报，你就会失信于人，将来再要求对方接受相同的沟通条件就极为困难了。

因此，在具体操作的时候，一定要注意以下几个要点。

周期：将兑现承诺的过程分解

周期越长，对方的信心损耗就会越大，你的“如意算盘”就会徒生变数，甚至有功亏一篑的可能。

就拿“望梅止渴”的故事来说，我们假设当时曹操的大军还要走很长的一段路才能脱离险境。显然，如果军士们使出吃奶的劲儿，走了三天三夜也见不到那片梅林，那么无论曹操如何拿“前方有梅林”的谎言来忽悠自己的军士，恐怕口渴难耐的士兵开小差的概率都会大幅增加。

因此，如果你想让别人承受你所希望的牺牲，那么一定要让他们觉得有奔头才行，而且这个奔头必须是他们能够用肉眼看得到的。

为了做到这一点，可以人为地缩短兑现周期，或对兑现周期进行必要的切割。如果你对对方的承诺是一年，那么你可以将其分解为 12 个月，每个月都兑现一部分承诺。以此类推，将周期分割缩短，让兑现承诺的前景真实地映入对方的眼帘。如果承诺的兑现既能看得见，也能摸得着，他就会无怨无悔地彻底信服你。

筹码：低起点带来的“强心剂”效应

许多人为了尽快诱使对方做出牺牲，总喜欢将筹码拉高，做出不靠谱的承诺。这种做法极其短视，也是极其危险的。要知道，“躲得过初一，躲不过十五”，你吹的气泡迟早有一天会自行爆裂，将你自己置于万分不利、极端尴尬的境地。正如我在前面所言，失信的代价是极为惨痛的，即便是那些真正的领袖级人物都不敢过于造次，更何况是你这样的凡人？

因此，在承诺的筹码方面，一定要做到宁低勿高。**哪怕较低的筹码在最初的时候吸引力不大，但是如果你能在兑现时略微超过这个筹码，就会给对方带来一个小小的惊喜，从而起到强心剂的作用。**在心理学上，结果超出预期和低于预期所产生的心理效应是绝对不同的，这一点务必充分意识到。

另外，如果你能按照前面的操作要领缩短兑现周期，增加兑现次数，那么即使每一次的兑现筹码稍微小一些，也不会明显恶化你在对方心目中的信用度。

一贯性：信守承诺永远是“头等大事”

这一点非常好理解。信誉这个东西是靠长年累月的体验积累起来的。获得信用难，失去信用很容易。一次失信行为就有可能毁掉你多年的辛苦积累。因此，无论你的处境有多难，都千万不要拿自己的信用做无谓的赌注。在这方面，保持行为的一贯性是一种必须坚持的操守。

说到这里，想起了一个朋友的案例。这位朋友放弃了十几万年薪的国企高管工作，心甘情愿地拿每月五六千元钱的工资，跟一个留学回国的老板共同创建了一家涉外贸易公司。他之所以能在自己职业生涯的高峰期做出这样一个决定，除了血液里对创业的一份渴望之外，还和老板对他许下的一份承诺有关：只要事业步入正轨，五年内在北京买一套公寓送给他。

一套京城的公寓！这可是个不小的诱惑。要知道我的这位朋友出生于一座三线小城，即便在家乡都没能拥有一套自己的住房，更别提奢望首都的公寓了。

在这些因素的鼓励和刺激下，我的朋友跟着这位老板起早贪黑地打拼，终于用不到两年的时间将公司各项业务理顺，彻底打开了局面。在他看来，不出大的意外的话，在创业五周年之际，老板兑现当初的承诺应该不成问题。他甚至已经开始想象新房子的装修细节了。

转眼又过了三年，老板并没有兑现他的诺言。这位朋友找老板理论，后者以各种各样的借口予以搪塞，大体上的意思是“公司现在的状况只能说是刚刚开始正常运转，还没有真正赚到钱”。显然老板说的不全是实话，作为一起创业的伙伴，我的这位朋友对老板这些年的财务状况还是比较了解的。他清楚老板这些年到底买了多少房，换过几台车。因此，他对于老板的言而无信十分愤怒。尤其考虑到自己这些年来的工资几乎一分未涨，完全是靠那套如海市蜃楼般的“北京公寓”支撑自己走到了今天，他内心的愤怒便更为强烈。

于是，我的这位朋友毅然决然地炒了老板的鱿鱼，跳槽到一家与原老板的业务有直接竞争关系的公司任职。他难以平抑内心的委屈和怒火，誓言报复这位言而无信的老板，让他把这些年来亏欠自己的钱统统吐出来。

当然，这位朋友能否实现这个愿望我不得而知。也许他心中的怒火会随着时间的流逝而渐渐平息；抑或在新公司遇到的种种不顺遂又会令他再一次跳槽……可甭管怎么说，这位朋友这些年所经历的事情足以证明他是一个个性单纯、容易意气用事的人，这样的性格特征难免会让他的职场人生经历各种磕磕绊绊。

从另外一个角度讲，那位留学归来的老板也不聪明。很显然，他并不是一个江湖骗子，仅从有能力在短短三五年内便让自己的事业步入正轨这一点来说，此人就称得上是一个合格的创业家和企业家。当然，他的创业路少不了伙伴的鼎力相助，而他自己手中的筹码却并不多，所以采用“画饼”的方法忽悠我的那位朋友也算情有可原。不过，在“画饼”和兑现这张“饼”的过程中，他显然犯下了这样几个错误：

第一，“饼”画得太大。“北京的公寓”这张“饼”，无论怎么看都非常不靠谱，兑现的可能性极低。

第二，兑现的周期太长。五年的周期太长。这样长的周期足以消磨掉一个人的耐心和热情，让他变得麻木不仁。

第三，失信于人。失信于人本身就够可恶了，在让别人等待漫长的五年时间之后再失信于人便更“罪无可赦”了。

之所以说老板的思维和行为逻辑可以理解，有这样几个原因：首先，只有“饼”画得足够大，才能让我的朋友同意做出利益的牺牲，心甘情愿地跟着他拼命。其次，只有兑现的周期足够长，才能让他有充分的回旋余地，能够根据公司届时发展的实际情况，灵活决定兑现诺言的方式，抑或是否真有必要兑现诺言。再次，还可以令他名正言顺地长时间享受由别人的牺牲所带来的特殊红利。最后，只要公司能够进入既定发展轨道，局面彻底打开，主动权就彻底掌握在老板手里了。对于他而言，我的朋友已经没有什么不可或缺的价值。愿意干可以留下来，不愿意干可以分分钟拍屁股走人。里外里都伤不到老板。

老板的如意算盘不可谓不精。简单点说，在他这里，过河拆桥完全是一件“可以有”，也“可以成”的事儿。诚然，即便我的朋友跳槽后存心报复，在多大程度上能够真正让老板伤筋动骨确实不得而知，但很显然，老板这样的做法其实很傻，必定会狠狠地伤到自己。原因很简单，老板的失信行为不仅对于我的朋友而言是一个沉重的打击，更为重要的是它起到一个极坏的示范作用，让整个团队对领导者彻底失去了信心。在其他团队成员的心目中，老板今天可以对自己的创业伙伴失信，将其玩弄于股掌之中，明天也同样有可能对自己做这样的事。这种心理暗示的后果是极其严重的。它有可能刺激员工的应激性防御行为，具体表现在和老板斗心眼，阳奉阴违；提前为自己找下家，消极怠工；报喜不报忧，忽悠老板。更有甚者，个别行为极端的人还会通过盗取公司资源（不一定是物质，也许是商业情报）等行为为自己提前预备好一条退路，或提前为自己可能会受到的利益损失止损。

当然，上述所有弊端并不总是来自于失信行为，任何管理不善都有可能带来相同或相近的结果。**不过，至少对团队管理者而言，失信行为几乎是扼杀人与人之间彼此信任关系的最主要的刽子手。因为这种行为具有极大的破坏性和相互传染性，今天你对别人不守信用，明天别人势必也会对你做同样的事。**尤为要命的是，这种恶性循环一旦开了头，往往会迅速变质，甚至变本加厉：你对别人失信的也许仅仅是一粒沙，但别人对你失信的也许就是一座城；你失信的对象也许仅仅是一个人，但失信于你的对象也许就是一群人。

总之，在任何情况下，失信都是绝对的禁区，可谓后患无穷，能不碰尽量别碰。更何况，只要我们有智慧，肯动脑筋，即便是画出来的饼，也完全有可能兑现，原本用不着选择失信这么极端的方法。就拿那位失信的老板来说，如果他采取这样的处理方法，结果可能会大不一样：

> 第一，降低砝码。将一套“北京的公寓”改为两套“三线城市（我朋友的家乡）的公寓”。因为一套北京的房子，比那座三线城市里的十套房子都贵，所以即便一套改两套，老板的砝码还是减少了许多。兑现的难度将大幅降低。
>
> 第二，缩短周期。砝码的降低为老板缩短兑现周期创造了条

件。他完全可以以两年半为一个周期，在五年时间里兑现两套房的承诺。

这样一来，虽然承诺的含金量大幅缩水，但由于兑现周期大幅缩短，快速的变现会给当事人留下一种非常实惠的错觉。同样的道理，尽管两套房比一套房的价值要低，但由于数量上的优势也会让当事人觉得很实惠。如果再考虑到这两套房子均位于当事人的家乡，这种实惠和满足的感觉便会更强烈。

广东人有句口头禅“袋住先”，意思是实惠无论大小，只要有实惠可捞，就要先把这些实惠捞住，然后揣在兜里静观其变：如果有更多的惊喜出现固然更好，可如果没有也无所谓，因为至少兜里已经揣了不少实惠。

这就是所谓的“骑驴找马”“吃着碗里，瞧着锅里”的道理。具体地说，就是用时间换空间，通过迅速的变现，合理合法地减少承诺的筹码。人类的这种心理活动非常典型也非常普遍，绝对值得公司领导者一用。

事实上，现实生活中可以进行类似操作的案例有很多。比如说我还有一个朋友，曾经因为老板没有兑现三年前向他许下的“干满三年送你一辆车”的诺言，便愤然离开了这个老板。其实，如果这个老板换一种做法，比如说在这三年中每年都送给这个朋友一辆摩托车，甚至是一辆高级自行车，这个问题本可轻松化解，而且双方的利益都可以得到最大化的确保。

不过，还有一点必须强调一下。这种操作方法的前提是，承诺必须从一开始便被固定下来，而不能随着时间的流逝和条件环境的变化任意被修改。被修改的承诺固然比被无视的承诺要好一些，但其本质依然是失信。因此，切勿好大喜功，即便砝码小一些，刺激效果差一些，也必须在一开始便说实话、办实事，许下真正靠谱的承诺，毕竟砝码不足的缺陷可以在很大程度上被尽可能快速的兑现所弥补。而且，还有一个小窍门可以教给大家：不妨在降低砝码的时候力度稍微大一些，即便大到让对方略感失望的程度也没关系。这样一来，如果你在兑现承诺的时候能够稍微超过对方的期许，刺激效果将会更为明显。

就拿前面那个“送车”的案例来说。老板完全可以这样做：先承诺三年内每年送给对方一辆价值数千元的高级自行车，然后在具体兑现的时候将自行车变成价值上万元的摩托车。这样一来，代价虽然上升了一点点，但超出预期的结果给对方带来的刺激强度将以几何倍数上升，可谓“事半功倍”。

总而言之，还是那句话，无论牺牲与否，沟通双方的出发点和最终归宿一定还是那个字：利。常言道：“无利不起早。”没有利益的事情没人会干。不懂得在沟通中掌握利益原则，只会一味强调牺牲的主儿，必定会在所有的沟通博弈中一败再败，永无出头之日。不过，尽管利益如此重要，也并不意味着只要做到唯利是图，便一定能在沟通博弈中稳操胜券。这里面依然存在着底线思维的逻辑，一些最基本的原则还是必须被恪守。否则难免会弄巧成拙，甚至走火入魔。

- **原则1：整体利益和局部利益的分寸感**。尽管“牺牲小我，成全大我”的观念被滥用是不对的，但是如果“大我”的利益确实处于某种千钧一发的危机境地时，无条件牺牲“小我”的利益则是必需的。这是一条起码的底线。如果你做不到这一点，你将会被任何一种环境以及任何一家公司所嫌弃乃至抛弃，其实最终损失掉的依然会是“小我”的利益。

- **原则 2：不能有损个人的品格和底线**。利益并不总是自然发生的，有时需要通过出卖品格和原则去兑现。不过，这绝对是一条不归路，如果你轻率地迈上这条路，即便能够让当事双方勉强获得一些暂时的利益，赢得表面上看似双赢的假象，最终也一定会玩火自焚，不但无法确保已获得的利益，还将让所有当事人失去更多的自有利益。
- **原则 3：不能做违反公序良俗的事情**。这一点很好理解。任何私人之间的沟通以及最终共识的达成，理论上都要受到一个大的社会游戏规则框架的约束。这个游戏规则框架就是公序良俗、法律法规。谋取任何私人利益，都不能以与这些游戏规则框架相抵触为前提，否则后果不堪设想。

好了，现在我们已经充分理解并掌握了沟通博弈中的利益法则，下面的事情，便是在实践中亲自验证一下它的神奇了。

小结

失信，是沟通的大忌、大敌。要知道：你对别人失信的也许仅仅是一粒沙，别人对你失信的却可能是一座城；你失信的对象也许仅仅是一个人，失信于你的对象却可能是一群人。

第二章

沟通的步骤：如何消融对方的抵触情绪

第一节　屁股决定嘴巴：立场不同，更要共情

你的屁股决定你的嘴巴，甚至决定你的手脚。你的立场决定了哪些话能说，哪些话不能说；哪些事能做，哪些事不能做。

朋友小丽很委屈地找到我，痛诉自己在公司里所遇到的不公正待遇。

事情是这样的：小丽和小华是某家汽车销售公司的销售主管。名为“主管”，其实就是销售部的副经理，协助经理进行日常管理工作。刚开始，两人之间的协作关系还算不错。不过，随后，这种默契的协作关系就开始逐渐出现了裂痕，到最近，事情甚至发展到两人之间几乎无法进行正常对话的程度了。

为什么会这样？小丽委屈地表示，她发现同样的话，小华说大家就愿意听，而从她嘴里说出来大家的反应就很冷淡，甚至偶尔还会有明显的反弹。最让她受不了的是，有的时候为了活跃气氛，大家都喜欢开一些玩笑，调侃某些有特点的同事，被小华调侃的同事往往会非常配合，甚至会主动自嘲以博众人一笑；可相同的事情放到小丽身上立马就会变味，被小丽调侃的同事非但不会领情，相反还会跟她急，

出口不逊地辱骂小丽。

这让小丽万分委屈：为什么一分钟之前小华说那些话时你完全不以为意，而我用同样的方式跟你说话，你却会有这么激烈的反应呢？小丽对此大惑不解。她认为自己受到了同事们的歧视，而这种歧视肯定跟小华背地里的挑拨有关。否则，她完全无法理解为什么同事们给予小华和自己的待遇会如此天差地别。

为了这个事儿，小丽不知道私底下和小华沟通过多少次。按照她自己的话说“我并没有摆出气势汹汹、兴师问罪的架势，而是好言好语地跟小华摆事实、讲道理，希望她不要在背地里给我小鞋穿，因为这样做，对大家都不好”。可小华对小丽的一番苦心却丝毫也不买账，总是一口咬定她是清白的，并没有在背地里干对不起小丽的事情。对方的态度彻底激怒了小丽，两个人正式开始冷战。既然是冷战，当然少不了各种猜忌和冲突。这不，在又一次感到被人“暗算”而又诉苦无门的时候，小丽找到我这个“诡计多端”的老大哥，希望我能给她支上几招，结结实实地给小华点儿颜色看看！

多重标准：如何选择最正确的沟通方式

听完小丽的描述，我大概已经知道了事情的真相。我太清楚这个女孩的个性了。她作风泼辣，手段强硬，言辞犀利，眼里从来容不下沙子。按照她的个性，有想说的话她一定会说；心里不爽，也一定会如实地表达出来。一句话，她属于那种锱铢必较、绝不吃亏的人。可事实上，恰恰是她的这种性格，让她在事业和生活中吃亏无数，总是很容易地遇到各种各样的磕磕绊绊和挫折。为了这个问题，我曾无数次地劝说她改改自己的个性，反复向她灌输“越怕吃亏越吃亏”的道理。可俗话说“江山易改本性难移”，对于个性如此倔强的女孩子来说，这些劝说基本上都是对牛弹琴，起不到任何效果。久而久之，我也就彻底放弃，由她去了。她也对我的说教心生厌恶，许久都未找我谈心。因此，这一次她居然能主动来找我，肯定是因为心中的郁闷已经达到了一个极点，不发泄出来不行了。

我不紧不慢地开了腔：“如果我没猜错，那个小华肯定是一种老好人的性格，平时谁都不得罪，和谁都能谈得来；而且，不出意料的话，她一定长得不如你漂亮，至少气质和穿着打扮远远赶不上你。”

听了我的话，小丽非常兴奋，认为我完全站在了她的立场上。于是带着几分解气、几分得意的语调肯定地说：“那当然！小华就是一个典型的乡巴佬，土得掉渣！皮肤不如我白、长得不如我漂亮、身材不如我性感，至于说到时尚感觉和穿衣品位，那简直就是巴黎和新城子铺（当地的一个乡下小镇）之间的差别！”

想了一会儿，可能还是觉得不够解气，她又恶狠狠地补充道：“你说得没错。小华就是一个老好人，整天笑嘻嘻，谁都不得罪。不过，你可别小看她，她的本领可不小，表面上笑容可掬，背地里放暗箭的时候一点也不会手软。那句话怎么说来着？她就是一只口蜜腹剑的笑面虎，吃人都不吐骨头，把你卖了还能让你给她点钱！”

听着小丽头头是道、连珠炮似的发言，我乐了。坦白说，她说的话大多数我都认同：首先，小丽的美貌与性感毋庸置疑，完全可以用“风姿绰约”“白领丽人”之类的溢美之词来形容；另外，小华一定人缘极好，却相貌平平。对于这一点，在听完小丽的描述后，我几乎第一时间便予以了确认。不过，唯一不敢苟同的是，我不太相信小华是一个人品有问题、两面三刀的主儿。在这个事儿上，显然小丽的主观意识起了很大的作用。

我对小丽说了我的看法，她非常不服气，以不容置疑的口气反驳我："你是说小华是一个好人？既然如此，为什么大家对她那么拥护，唯独排斥我？要不是她从中挑拨离间，大家怎么可能用这种双重标准对待我？难不成你要说我是个恶人，大家都讨厌我？我也在公司干了这么多年了，要说人缘，我自认是不错的。可自从小华来了之后，这一切都变了。这么明显的证据，还不能证明她在从中搞鬼吗？"

我耐心地解释道："我不是说你是个恶人，我承认大家也很喜欢你，不可能讨厌你，我甚至承认所有这些改变都和小华的到来有关。可即便这样，也不能证明小华是个坏人，在背地里搞鬼，给你小鞋穿。事实上，她可能确实什么都没做，甚至有可能还替你说了许多好话，因为就像你所说，把你们之间的关系搞得太僵，其实对她自己也没有任何好处，她犯不着这样做。"

看着小丽大惑不解的表情，我继续解释道："事情是这样的。第一，你的个性我了解，属于那种典型的直肠子，有话憋不住，什么都敢往外说，也不怕得罪人。第二，你的长相气质、时尚感觉，别说在你们公司，即便在这座城市里也不多见。对这一点你有着绝对的自信。一句话，你是一个特立独行、鹤立鸡群的人。往好听里说，这叫卓尔不群，也叫曲高和寡。在小华来之前，由于没有对比，你又是部门里的领导，所以同事们便接受并习惯了你的存在以及你的做派，并不觉得有什么不妥；可是在小华到来之后，这个事儿就变质了。大家有了比较的对象，而且小华由于自己的行事风格和外表特征在大家心里显得更接地气，更受欢迎。因此，从那一刻起，你的立场就变得十分微妙。以前能说的话，现在有可能就不能说了；以前能做的事儿，现在有可能就不能做了。因为你的一言一行大家都会拿来和小华比较，相同的话从小华嘴里说出来，会显得很亲民，至少完全无害；而从你的嘴里说出来则会变得十分具有侵略性，具有很大的杀伤力。这就是为什么你会觉得大家在用双重标准对待你和小华的根本原因。”

小丽似懂非懂地点了点头，又略显茫然地问道：“你说的话我似乎能听懂。基本上你想说，在我身上集中了来自别人的羡慕、嫉妒和恨。这其实是在夸我，我听着挺受用。可现在的问题是，别人对我羡慕、嫉妒和恨，你让我能怎么办？把自己变丑点儿，气质变差点儿，品位变低点儿？可有些东西是爹妈生父母给的，我总不能自我毁容吧！”

我乐了，调侃她道：“毁容倒不必，但你可以试试往脸上抹点煤灰，就像《神雕侠侣》中陆无双所做的。”然后话锋一转，我正色道：“人际关系往往和立场有关，随着个性、做派、成就、外表、气质等方面的不同，人们的交往和沟通立场也是完全不同的。正因为大家的立场都不相同，所以在彼此交往的过程中别说双重标准，即便一个人一个标准都不为过。这个东西和歧视无关，更和背后搞鬼无关，完全是由大家的立场决定的。说句难听好懂的话，你的屁股决定你的嘴巴，甚至决定你的手脚。你的立场决定了哪些话能说，哪些话不能说；哪些事能做，哪些事不能做。因为即便是相同的话和相同的事，对于立场不同的人来说也会产生完全不同的感觉，从而致使他们做出完全不同的反应。事情就这么简单。”

这回小丽似乎完全听懂了我的话，很认真地问我：“那你说我该怎么办呢？”

我回答说：“首先，你要懂得共情，并消除自己心中的偏见。没错，固执地认为所有人必须享受相同的标准、相同的待遇，本身也是一种偏见。这种偏见会让你不肯面对真相，从而进一步使事态恶化。”

小丽认真地听，不住地点头。

我继续道："另外，既然把自己变丑没必要也不应该，那就应该坦然面对，乃至彻底接受来自大家的'羡慕、嫉妒、恨'，以及由此产生的各种副作用，比如说你所谓的双重标准或歧视。正如你所说的，这些副作用其实让你挺受用的，因此做到这一点应该并不难。"

小丽扑哧笑了出来，使劲地点头。

我继续道："最后，为了减少人际关系及同事之间沟通交流时的摩擦，你要尽可能地保持低调。最好能效法小华的低调做派。如果有可能，你甚至可以偷偷地和小华进行一场竞赛，比一比看谁更低调，更"亲民"。放心，人心都是肉长的，只要你肯持之以恒，大家必然会投桃报李，主动调整对你的待遇，让你的环境更舒服一些。当然，我承认改变做派的难度一点不比改变相貌的难度小。不过鱼与熊掌不能兼得，如果你想让自己在职场中走得更远，更高一点，完全不做任何妥协是不可能的。这一点你要想好了。"小丽又一次地认真点头。这一次的说教，似乎没有激起她的反感。

小丽的案例很普通，也很经典，在我们的成长经历或日常生活中经常可以遇到。许多人都会有这样的记忆：小学时还能相处得不错的朋友，到了初中、高中忽然之间就会疏远你，让你丈二和尚摸不着头脑，不知什么地方得罪了对方。即便你主动要求沟通，也往往无果而终。对方会表现得吞吞吐吐，抑或极不耐烦，让你的疑惑更深、更重。其实，这里面的原因很简单，因为长大后的你或者已经出落得亭亭玉立，玉树临风，或者在学业上和你的朋友已经拉开了距离，总之，你们从之前的"一样"，变成了后来的"不一样"。尽管你自己浑然不知，可是在朋友的心目中，以前的你和现在的你拥有完全不同的立场。显然，他对你的态度骤变，只不过是适应彼此之间新立场的一种再正常不过的调整罢了。

同样的现象，在职场中也大量存在。明明是同期进入公司，无话不谈的好伙伴，可几年后却会成为水火不容，无话可谈的敌人。**这无非也是因为大家的立场发生了改变。或者业绩拉开了差距，或者职务发生了变化，或者来自老板的支持有高有低，又或者仅仅是工作顺利与否、心情舒畅与否，所有这些或大或小的不同最终决定了立场的根本性变化，立场的变化又会从根本上决定人际关系的状态和走向。**

因此，如果你不能改变立场，就要学会面对和接受现实，然后根据共情的原则，针对不同的立场设计不同的交往和沟通方式。只有做到因地制宜、有的放矢，才能大幅减少自己在沟通博弈中遇到的潜在障碍，大幅提高自己在沟通博弈中的胜算，大幅改善非常被动的人际关系环境。

盲区：关系密切的人更需要沟通

另外，还有一点需要特别注意。即便是立场相近，关系极为密切的亲友之间，也存在着“屁股决定嘴巴”的问题。比如说，是否关系越好，就越容易沟通，越容易达成共识呢？未必。事情也许恰恰相反，正因为关系太好，也许沟通的过程会更为艰难，达成共识的概率会更低。原因很简单。关系越亲，大家越不会运用共情的原则。即便违逆对方的心意，也会吃准对方不会翻脸。在这种情况下，别说达成共识，有时候想保持沟通正常进行都会有困难。

因此，在这种情况下，反而需要你（们）适当地淡化彼此立场的近似性和亲密度，让彼此的立场适当地疏远一些，这样做反而有可能让你们的沟通过程进行得更顺畅，从而更容易达成共识。

举个简单的例子。很多私企老板都喜欢启用自己的家人，比如说自己的老婆担任企业的高管。诚然，举贤不避亲也是一种大胆的用人之道，未必意味着老板昏庸。可问题是，无论当事人有多大自信可以将公私分开，私人关系的客观存在也是无法回避的事实。因此，在由于公事而与自己的老婆发生激烈冲突的时候，老板的立场往往会很尴尬，常常不能令问题得到圆满的解决。在这种情况下，显然应该适当疏远彼此的立场，比如说在双方责任范围的划分方面尽量减少交集、增加并集，这样的话，由于工作上的问题而不得不进行沟通的时候，彼此的立场就会自然得多，沟通的过程也会顺利得多。

其实，疏远立场的方法有很多，几乎可以做到信手拈来。比如说忽远忽近、忽冷忽热就是一个非常好的调整立场的方法。只要你能熟练地掌握这个方法，一般情况下，无论关系多亲密的人也不敢轻易造次。只要你的表情和语气稍有变化，他们就能立刻明白自己应该做出什么样的反应，以及你对这样的反应会抱什么样的态度。久而久之，一套不成文的规则便会自然形成，你的处境也会随之大为改善。

总之，有的时候关系太近不是什么好事情。**把关系处到过分亲密无间的程度，反而会失去沟通的空间，没人听你的话，甚至完全没法说话了。**俗话说“距离产生美”，当你主动拉开距离的时候（当然，这个距离一定要适当，不宜过大），你反而会得到更多说话的机会，你的话也会得到更多、更认真的倾听。

不仅如此，这种“屁股决定嘴巴”的现象，还给我们提了个醒，告诉了我们沟通中的一项重要原则，那就是在任何沟通互动中，真正重要的决定性因素常常是“心情”，而不是“事情”；常常是“爽不爽”，而不是“对不对”。

有关这方面的话题，我们将在下面的文字中详细描述。这里便一笔带过了。

小结

有的时候关系太近并不是好事。当与其他人过分亲密无间时，反而会没人听你的话了。俗话说“距离产生美”，当你主动拉开距离的时候，你的话反而会得到更多、更认真的倾听。

第二节　沟通要走心：动之以情，才能晓之以理

在人际交流互动中，“事情”本身不重要，真正重要的是“心情”。

为什么相同的话从不同的人嘴里说出来，会有截然不同的效果呢？

原因很简单。因为即便是同样的话，出自张三之口，我就会觉得爽；而由李四的嘴里说出来，我就会感到不爽。也就是说，对我而言，这句话“对”与“不对”不重要，真正重要的是让我感到“爽”还是“不爽”。

看见了吧！其实在人与人的沟通当中，甚至在所有的人际互动当中，“爽不爽”的重要性往往要大于“对不对”。

为什么会这样？因为人性中有这样一个特点，那就是只做“重要”的事，不做“正确”的事。**换句话说，一件事即便不正确，但只要对我而言它很重要，我也会产生强烈的“做”的动机；反之，如果一件事对我而言不重要，那么即便这件事无比正确，我也不会有半点“做”的兴趣。**

现在问题来了，什么样的事情对我而言“重要”，什么样的事情

对我而言“不重要”呢？答案很简单，任何让我爽的事情都很重要，任何让我不爽的事情都不重要。

因此，人们才会很自然地认可并践行这样的思维和行为逻辑：只做“爽”的事，不做“对”的事。这种现象很普遍。它能让我们如梦方醒，生平第一次深刻地认识到一个真理，在人际交流互动中，“事情”本身很重要，但“心情”也是一个不可忽视的因素。只要心情好，即便你对某个人提出无理要求，对方也会慨然允诺、欣然接受；反之，只要心情不好，就算你的主张再合理，对方也会横眉冷对，甚至干脆和你翻脸。

遗憾的是，在现实生活中，真正明白这个道理的人可谓凤毛麟角。**与他人沟通的时候，我们往往会过分地纠结于“事情”，过分地强调“对不对”，同时却致命地忽视了“心情”**。正因为如此，我们的人际关系才会变得如此吊诡，如此艰难；我们的沟通技巧与沟通效率才会变得如此拙劣，如此低下。

下面，让我们列举几个典型的例子，看一看到底是哪些自欺欺人的思维和行为模式妨碍了我们的沟通。

思维模式 1：有理走遍天下，无理寸步难行

不知你注意到没有，我们很多人有一个异常鲜明的特点，那就是无论走到哪里，总喜欢“讲理”，理讲不通誓不罢休。

不可否认，讲理很重要，可是过分注重讲理，将会让人际关系变得极为艰难，极为被动。因为“理”这个东西不是那么容易讲通的，

它没有一个固定的衡量标准。常常是张三有张三的理，李四有李四的理。很关键的一点，无论张三还是李四，站在他们各自的立场上看问题，他们的“理”都能讲得通。因此，大家立场不同，彼此的“理”也自然会有所不同，不存在“谁对谁错，孰高孰低”的问题。**如果你硬要赶鸭子上架，生生地分出高低长短，唯一的办法就是“战争”——看谁的嗓门高、看谁的用词狠、看谁的耐性足。简而言之，就是“比厉害”，谁更厉害谁胜出。**

话说到这里，相信你会不禁莞尔。没错，这样的人和这样的场面你一定不会陌生。可残酷的现实是，那些无比信奉“有理走遍天下”的人，那些动不动就要和别人讲理，甚至“拼理”的人，往往人缘极差，让人唯恐避之不及，也就是我们常说的所谓“刺儿头”。

从某种意义上讲，这些人也是不折不扣的可怜人。他们看似从不吃亏，通过拼命讲理为自己争得不少利益，但这种利益与其说是他们通过“理”“讲”回来的，不如说是他们通过“一哭二闹三上吊”的作风“赖”回来的。别人让着他们，不是觉得他们占了理，而是实在不胜其扰、不堪其烦——与其和你纠缠不清，不如“惹不起，躲得起”。也就是说，他们既赢了利，也输了利。虽然赢得了蝇头小利，却也彻底砸了自己的人格招牌，毁了自己的人脉资源，让所有人对他们退避三舍，失去了无数争取更大利益的机会。这种丢西瓜捡芝麻的行为，不可谓不愚蠢。所谓“可怜之人必有可恨之处”，说的应该就是这种人。

常言道“清官难断家务事”，即便是闹上法庭，许多案件也很难分出高低长短，最终只能以“庭外和解”了事。因此说，有些人喜欢“讲理”这个坏毛病一定要改一改。**这个世界上没有那么多的理好讲，有些理还真的不一定说得清。在沟通的时候，与其无休无止地纠结于**

“对与不对”，让自己和他人都痛苦不堪、疲惫不已，不如将大部分精力放在“爽与不爽”上面更实惠、更靠谱、更有利于解决问题。只要你能让别人感到“爽”，别人自然也会让你感到“爽”，大家一起“爽”，也许局面就能豁然开朗，许多死结便自行解开了。如此互利共赢的美事，何乐而不为呢？

思维模式 2：我可以不赞成你的观点，但是我誓死捍卫你说话的权利

相信每个人对这句话都不陌生。尤其是近些年随着各种新观念的泛滥，这样的话已经被越来越多的人越来越频繁地挂在嘴上。不过，只要你有一点点起码的勇气和诚实，相信你就会很轻易地承认，这句话很虚伪。

不是我存心揶揄，如果你在任何一种人际沟通交流中能够说出“我不赞成你的观点，但是我誓死捍卫你说话的权利”这样的话，那么我敢肯定你的面部表情一定是僵硬，甚至是狰狞的。如果一定要用一个词来形容此时此刻你的表情，那肯定是“咬牙切齿”。

显然，当我们不赞成某个人的观点时，我们从未真正想过要“誓死捍卫”他说话的权利。在我们的心中只有一个声音，那就是“你给我闭嘴，否则我就要你好看”。

不信的话，你可以到网上看看，见识一下那些信誓旦旦对你表态要“誓死捍卫”你说话权利的主儿，到底是如何理解和践行“捍卫”这两个字的。不出意外的话，你看到的将是无所不用其极地“排斥你”，而不是“捍卫你”。

因此说，观点的不一致是可怕的，求同存异是艰难的。尽管说话的权利意味着“正确”，但观点的不一致则意味着“不爽”。显然，在“正确”面前，“不爽”又一次占了上风。

诚然，正因为做到“求同存异”不容易，所以追求“求同存异”的结果是一件很有意义的事情。**不过，过分强调“存异”，一定会极大地妨碍“求同”的结果。因为前者会破坏人的心情，而这种破坏对于“求同”这一终极目的是致命的。**

在这个问题上，应该想方设法地达成共识，让对方感到“爽”（或至少不要让对方感到“不爽”），这是取得沟通效果的关键所在。

思维模式 3：执迷于“正确性”的说教

在任何一种沟通形式中，我们都会发现一个有趣的现象，那就是当事人当中总有一方或双方，喜欢不停地讲解、强调事物的正确性，也就是我们常说的所谓“说教”。

比如说领导教育员工、父母教育孩子、长辈教育后辈，甚至是平辈之间的互相教育，每个人都喜欢对事物的正确性进行最详尽、最生动、最有说服力的描述，好像只要对方理解了一件事的正确性，就必然用行动落实这种正确性。

不客气地说，这种想法实在太幼稚了。用这样的方法去沟通，恐怕即便你付出自己所有的唾沫储备，也不太可能取得一丝一毫的进展。

原因很简单。其实这个世界上最容易搞定的，就是事物的正确性。只要不是超级低能儿，一般人对于事物的正确性都不会存在理解障碍。

因此，在沟通中试图向对方说教，迫使对方理解事物的正确性是毫无意义的。不客气地说，即便没有你的说教，对方也对“何为正确”这件事心知肚明。**可现在的问题是，即便他们明白正确意味着什么，也未必会对这件正确的事情产生好感，更别提趋之若鹜了。他们真正关心的，永远是“重要”，而不是“正确”。**

如果你想在沟通博弈中获得某种优势，那就一定要放弃对事物正确性的纠缠，将主要精力转移到事物的重要性上来。只有这样做才能事半功倍，让你的努力最终修成正果。

有人可能会发出这样的质疑：你说的这些都是歪理！按照你的说法，难不成我们要坐视不正确的事情泛滥成灾而无动于衷吗？即便我们在公司受到了欺负，也不能讲理吗？即便对方的主张是荒唐谬论，我们也不能反驳吗？即便我们的说教无比正确，也必须闭嘴吗？如果这样的话，天下岂不大乱，是非岂不颠倒？用这样的方法去沟通，即便达成了共识，又有什么意义呢？这种共识说白了就是缴械投降，早知如此，又何必沟通？从一开始高举白旗不就完了？呵呵，别着急。听我慢慢往下说。

我的立场很明确：不正确的事情当然不能任其泛滥；受到欺负当然不能无动于衷；沟通当然不能也不是必然意味着缴械投降。相反，正因为正义必须被伸张，共识必须要达成，我们才要更加讲究沟通的方式和方法，从许多既有的思维桎梏中将自己解放出来。

让我们还是以上述三种典型的沟通误区为例，详细讲解一下在沟通过程中正确处理“心情”与“事情”之间分寸的技巧。

沟通技巧 1：你要从自己做起，见招拆招、借力打力

我们假设你在公司里受到了他人（比如说自己的上司）的欺负，让你既愤怒又痛苦，这个时候你应该怎么办？找他本人讲理？还是四处找人讲理？

甭管你怎么讲理，找谁讲理，是否能把这个理"讲"回来，恐怕最终的结果都一样：你失去的，将远远大于你得到的。未来你在公司的处境只能更险恶，而不会更轻松。

因此，在职场生涯中，在人际交往中"讲死理、死讲理"通常是行不通的，要想解决问题，还得开动脑筋，另想高招。让我们从根本上分析一下"讲理"的危害到底在哪里。

"讲理"之所以有害，是因为它强调的重点是"为什么"。而"为什么"这三个字没有多大的建设性，至少在事情发生的初始阶段，它的建设性极小，几乎可以忽略不计。与"为什么"相比，在这个时点上真正有建设性的是"是什么"。**一个事情发生了，甭管它是为什么而发生，客观事实是它确实发生了。与其纠结于事情的起因，不如迅速接受事情的现状，然后根据这个现状去考虑具体应对的办法。**也就是说，"是什么"的后面，紧跟着的就是"怎么办"。显然，在事物的初始阶段，如果你能迅速地从"为什么"的泥沼中抽身出来，将所有的精力和能量投放到"是什么"和"怎么办"上面，你就已经把左右事物发展方向的主动权牢牢地握在自己的手里。这个时候，可以说你所有的行为都是有建设性的，而唯有建设性的行为，才能带来建设性的结果。

当然，"为什么"不是不可以讲，而是要找对讲的时机。在你把所有注意力转移到"怎么办"上面之后，你可以好好想想"为什么"

的问题。只要你抽丝剥茧地运用共情原则，就一定能想出一大堆解决问题的好办法。

让我们拿前面那个案例详细解说一下具体的操作方法。如果你在公司里遇到他人的欺负，你不妨这么做。放弃无谓的讲理，迅速接受现实，然后好好想想自己应该怎么办。你可以仔细分析一下他人欺负你的原因。是自己平时的表现太过老实，让别人觉得自己软弱可欺？还是自己性格太过直率，说话得罪了人，所以遭到对方的暗算？

如果是前者，那么你有两种选择。第一，平时要注意自己的言行，该坚持的原则必须要坚持，该具备的矜持必须要具备。不能什么事情都太过随意，让别人觉得自己是一个“即便得罪了也无妨”的人。第二，重新评估一下是非得失，然后再决定下一步应该怎么做。没错，你的“老实人”性格确实偶尔会让自己吃亏，但是也有让自己占便宜的时候。比如说公司评先进，大家总会第一个想到你；遇到了什么烦心事，大家也会主动找你说；领导有什么重要的，抑或私密的事情要处理，也总会把这个光荣而艰巨的任务交给你……一句话，吃亏是福，这里面的内在逻辑，你一定要想清楚。

如果是后者，那么你也有两种选择：第一，尽量控制一下自己的个性，不要总是轻易地授人以柄。第二，如果对方的暗算确实出自恶意，你不妨先忍一下，让对方自以为得计，从而对你丧失警惕。然后，你可以“以其人之道，还治其人之身”，使其不敢对你再有任何的不敬之举。

甭管怎么说，所谓无风不起浪，别人欺负自己，一定有其内在的原因，而这种原因首先与自己有关。只要你从自己做起，见招拆招、借力打力，将所有这些内在因素消弭于无形，就能从根本上改变自己的不利处境，让类似的事情不会在你身上发生第二次。只有做到这一点，你才能真正地“走遍天下”。

总之，遇到问题的时候，讲理是一个最笨的方法，因为它的重点是发“蛮力”，而不是发“巧力”。就好像遇到一堵墙，明明可以从旁边绕过去，你却偏要拿脑袋直接撞上去，那结果就只能是头破血流了。“死讲理、讲死理”的人之所以往往活得十分艰难，其根本原因就在这里。可遗憾的是，我们绝大多数人或多或少都患有这个毛病。尤为要命的是，由于这个毛病至少从表面上看似乎代表了正义，所以即便在大多数情况下它带给我们的都是痛苦，我们也往往会对此浑然不觉；又或者即便有所感觉，我们也会本能地将这种痛苦视为追求正义必然要付出的代价，从而油然而生一种神圣感，越发坚定了我们对“讲理”的信念。

但愿看了我的这些文字之后，患有相关毛病的人能有所醒悟，切实地改一改自己的思维和行为模式，让自己的职场生涯乃至整个人生之路走得更平顺一些。

沟通技巧 2：钻到对方的逻辑里破坏对方的逻辑

如果遇到与对方观点完全相悖的情况，切记千万不要正面冲撞。正确的做法应该是将计就计、借力打力，钻到对方的逻辑里破坏对方的逻辑。

举一个非常简单的例子。比如你的沟通对象是张三，他指着一头鹿，执拗地与你争辩，强迫你相信那其实是一匹马。这个时候你应该怎么办？显然，如果你以非常不屑的口气告诉他“你就是傻子，那明明是一头鹿，你怎么能说是一匹马呢？连起码的常识都没有"，那么他一定会跟你急，你们的沟通十有八九会升级为一场战争，最后不欢而散。

这个时候，你不妨这么做。装出一副由衷钦佩的表情，向张三伸出大拇指：张老师高见！那确实是一匹马，我刚才看花眼了，把它看成了一头鹿。和张老师相比，我的常识真是差太远了，实在是惭愧之至！

然后，在张三露出得意的表情，明显放松警惕之时，再悄然加上一句话：咦，我怎么发现这匹马有些与众不同，为什么尾巴那么短呢？难不成这是一匹特殊品种的马？

张三点头同意：没错，估计是一匹特殊品种的马。

过了半晌，你再一次发出疑问：咦，我怎么发现这匹马还是有些与众不同，为什么个头那么小呢？也许是一头小马驹？

张三点头同意：没错，估计是一头小马驹。

经过这样几个回合，当你再一次发出"咦……"的质疑声时，张三终于不耐烦了，大声冲你嚷嚷：你的问题怎么这么多？！那明明就是一头鹿嘛！你怎么把它看成一匹马了呢？真是一点常识都没有！

你赶紧借坡下驴，乘势恭维张三：噢，可不是嘛，那还真是一头鹿！我刚才看花眼了，居然把它看成了一匹马！还是张老师高见，确实比我有常识！

看见了没有？由于你的巧妙设计，曾经一度无比固执的张三，在不知不觉中就着了你的道儿。

这才是高手的手段：绝不和你硬碰硬，先顺着你走，再带着你走，最后就让你自己走，一步一步地走向你自己的对立面，直到最终彻底站到我的立场上来。学会这一招，相信你就能在无数沟通博弈中所向披靡了。顺便说一句，这招尤其适合你与上司之间的沟通。至于为什么，相信你心知肚明。

小结

人性中有这样一个特点，那就是只做“重要”的事，不做“正确”的事。因此，仅仅强调事物的“正确”，对沟通来说不一定能达到目的。

第三节　越走心越高效：好心情带来好结果

只要你能从自己固守的“正确性”逻辑中跳出来，将这种正确性与对方心目中重要的东西巧妙地挂上钩，再艰难的沟通问题也能瞬间迎刃而解。

假如你有一个女儿，今年上高三，正准备迎接高考。毫无疑问，对于一个十七八岁的女孩子而言，高考是人生中第一个关卡，能否顺利闯过这一关，直接决定着你女儿成年之后将会面对什么样的人生际遇。可天不遂人愿，偏偏在这个时候，你女儿喜欢上了天王刘德华，整天被心中的偶像迷得无心学习。你感到很着急也很痛心，无数次地对自己的女儿进行苦口婆心的说教，可却收效甚微，让你完全没脾气。

一日，刘天王莅临你所在的城市举办演唱会，你的女儿当然不会放过这个能够见到天王真身的千载难逢的机会，偷偷地买票去了演唱会的现场。这本来没什么，可关键是那一天恰逢你女儿的学校进行高考前最后一次摸底考试，而你女儿居然为刘天王的演唱会，缺席了这次考试。

这个时候，你应该怎么办？

破口大骂，或者对女儿实行严厉的体罚，显然都是下下策；苦口婆心地说教，让女儿明白天王与高考哪一个更重要显然用处也不大。如果你的女儿能够听得进去，她也不会做出这等让你痛心疾首的事情来。那么，面对这样的女儿，你到底应该怎么办才好呢？

给你支上一招儿。这里面有两个要点。

关联："爽"和"对"并非是对立的

之所以说一味说教是个误区，是因为这种做法过分拘泥于事物的正确性，而完全忽视了事物的重要性。或者说，它忽视了"事物的重要性与正确性并不总是一致的"这一客观事实。显然，对于一位青春少女而言，参加摸底考试这件事情具有无可争议的正确性，但这一点却并不十分重要；反之，放弃考试而跑去见自己魂牵梦绕的偶像这件事情毫无疑问是不正确的，但是它却异常重要。

不要小看这一区别，它对人的身心状态和行为举止的影响是举足轻重的。因为这就意味着即便这个女孩听从家长的劝诫，将自己的身体留在举行考试的教室里做"正确"的事情，她的全部心思也会不听话地飞到偶像身边，完全不会在眼前的试卷上；同理，如果她的身体逃离教室，真的飞到了偶像身边，那么即便她的心里会有一丝歉疚和负罪感，这些感觉也会瞬间完败给见到偶像所带来的满满的幸福感。

因此，在这种事情上对孩子进行"正确性"说教是毫无意义的。你的孩子又不傻，这么简单的道理她不可能不懂得；可现在的问题是，她只想干对自己而言真正爽的事情，而对这件事情是否重要，是否正确毫无兴趣。从某种意义上讲，这样的心理活动和行为虽然有违常理，但似乎也拿她没有办法。

不过，对于这个女孩子而言，参加高考这件事确实太重要了，绝不能等闲视之。这是一个客观事实和社会常识，不以个人的意志为转移。那么，这位家长应该如何做，才能让女孩改弦更张，重回正道呢？

简单。只要略施小计就能达到这个目的。做父母的只要跟自己的女儿说一句话——刘德华不会喜欢一个连大学都考不上的“低素质”女孩，即可。区区这一句话，足以顶得过父母千言万语的“正确性”说教。

因此说，将重要性与正确性同步，是解决这一问题的唯一途径。同步的方法其实也不难——只要你能从自己固守的“正确性”逻辑中跳出来，运用共情原则，将这种正确性与对方心目中重要的东西巧妙地挂上钩，这个问题便能瞬间迎刃而解。

先跟后带：习惯是慢慢培养起来的

如果你的女儿十分固执，无论你绞尽脑汁使出什么招数，小姑娘就是死不认账，这个时候你应该怎么办？

显然，更多的说教依然是毫无意义的，没有一点建设性。尽管不鼓励，可在某些特殊情况下，适当的强制绝对是必要的。

你可以这样做。在女儿从演唱会回来后，不要对她进行过多指责。不过，你必须以不容置疑的口吻告诉她，从今往后，除了必要的休息娱乐活动之外，放学后的时间必须留在家里复习功课。这是一个硬指标，没有商量的余地。接下来，你要尽可能地身体力行，在每天女儿放学回家后和她一起做功课。一定要坚持一段时间，切不可有任何松懈。哪怕你的女儿嫌你烦，轰你走，也不要离开她的身边。务必使她在无可奈何之下被迫接受你这个“新同学”。之所以这样做，原因很简单，如果你的女儿心思没在学习上面，你的离开也不能解决任何问题，只能让这种心不在焉的状态更为恶化。因此，你要身体力行，强制性地为其创造一个有利于学习的环境和一种必须学习的心境，哪怕最初时她有抵触心理，时间一长，也便会慢慢缴械投降，听任你的安排。只要她能进入这种状态，事情就好办了。最快一个月，最慢三个月，她必然能逐渐养成习惯，想不把心思放在学习上都难。这种习惯一旦养成，你便可以悄然抽身了。

不过，在这整个过程中，必须高度注意 3 件事：

- **切忌责骂和说教**。要知道，至少在最初阶段，你的存在本身就已经够让她烦了，如果你还不识好歹，在一边声色俱厉地谩骂或喋喋不休地说教，你闺女的心思肯定会彻底错乱，让她在这种状态下安心学习简直就是笑话。因此，你需要做的事情非常简单，就是闭上你的嘴，坐在你闺女的旁边全心全意地扮演一个“同学”的角色。除了遇到难题向她请教之外，多余的话能不说就不说。总之，你这样做的最终目的是让她没脾气，彻底放弃和你的对抗。这场对抗的核心在于比试彼此的决心和耐心。如果你真的是她的亲爹亲妈，真的对她的前途无比关心，也无比忧心，那么就请相信在这场比试中她绝对没有胜算。
- **切忌敷衍了事，不认真**。既然决定做这件事，就需要有一个正确的态度。如果连你自己都觉得浑身不自在，开始马马虎虎地应付差事，又如何能在这场耐力和决心的比拼中战胜你的女儿呢？

- **切忌虎头蛇尾，半途而废。**习惯的养成需要一段相对完整而连续的时间。时断时续抑或虎头蛇尾将令你前功尽弃。

总之，这个方法的要领是，如果对方不愿意做某件正确的事，那么就强迫他去做，直到他养成习惯为止。不过，由于习惯的养成需要时间，需要坚持，而对方又没有坚持的动机，因此这个过程你必须亲自参与，手把手地拉着对方往前走，一直到水到渠成，他能够养成习惯自己行走，你才算大功告成。

在这些方面，公司管理也完全一样。**我们大多数公司领导在遇到不听话的下属的时候，总是喜欢不厌其烦，一遍又一遍地给他们洗脑；总是希望能够从思想上彻底扭转他们的错误观念，以期达到一劳永逸的目的。殊不知这样做是彻头彻尾的笨方法。**用这样的方法和下属沟通，你不但不能达到自己的目的，白白地浪费一大堆口水，甚至还会让你的下属厌烦，一听到你的说教就会本能地打瞌睡。让你干瞪眼没脾气。

因此，应付这种棘手的场面只有两个办法：一个是果断地放弃正确性说教，运用共情原则，让你的下属感到重要；另一个是进行适当的强制，手把手地协助你的下属养成习惯。只要你能做到这两点中的任何一点，你都能在与下属的沟通博弈中稳操胜券。

最后，还有一点需要特别强调一下。在现实生活中，“对”与“爽”、“正确”与“重要”的关系往往较为复杂，并不总是呈现出一种单纯的二元对立关系。因此，具体的应对方法也会相对复杂一些。

我们可以举这样几个例子。比如说你是一个学生，下面这几件事对你而言意味着什么，你又会如何应对呢？让我们来具体看一下。

案例一：玩电子游戏。

这件事不对，也不算很重要（假设你没有彻底上瘾），但是玩电子游戏能让你感到“爽”。因此，你的内心其实还是想控制一下的，可控制的效果却并不太理想。

案例二：节食减肥，体育锻炼。

这件事对，也很重要，但是“不爽”。你既有强烈的偷懒动机，也有强烈的坚持动机。是非成败就看这两种大体上势均力敌的动机到底哪一个能够稍占上风了。

案例三：偶尔逃课。

这件事不对，也不重要，但是“爽”。因此，只要不算太过分，一有机会总会惦记着尝试一下。

案例四：为了出国留学而学一门外语。

这件事对，也重要，但是“不爽”。前者给了你坚持的动机，后者却让你分分钟想放弃。可由于前者的动机一般来说略胜后者，所以只要你的留学之行确实有戏，基本上即便不爽，这门外语你也是可以搞定的。

案例五：和女朋友吵架，主动向她道歉。

这件事对，重要，但是“不爽”。一般情况下前者的动机要超过后者，所以大多数男人即便心中不舒服，主动张嘴道歉的事情还是做得出来的。

案例六：到了还钱的时间，却希望朋友能够多宽限几天。

这件事不对，也“不爽”，但是重要。能不能迈出这一步，取决于不同动机之间的博弈结果。

……

这样的案例还有很多，就不赘述了。可甭管怎么说，一个人做事的动机，抑或接受一件事的动机主要还是来自于“爽”和“重要”这两个最基本的因素。在这件事情上，“对”抑或“不对”其实是一个配角。因此，即便现实世界中的情况更加错综复杂、更加富于变化，也万变不离其宗，在沟通这件事情上，还是那句话：“心情”比“事情”更为重要。重视后者，事倍功半；重视前者，事半功倍。

对于我们中国人而言，掌握这一处事原则还有一个额外的好处。众所周知，“吃软不吃硬”是我们大多数人最鲜明的特点之一。这就意味着，如果谁能令我们感到舒服，即便他的主张是错误的，我们也可以做到有商有量，甚至也许会欣然接受；反之，如果谁令我们不舒服，那么哪怕他的主张是正确的，我们也会想方设法地挑点刺儿，甚至有可能和他死磕到底！

因此，在大多数人的互动沟通中，心情的重要性便显得更为突出。遗憾的是，偏偏是如此重视心情的国人，却常常会对这个关键的细节视而不见，总是第一时间便迫不及待地跳进“讲理”的泥潭，彼此揪着对方的衣领子缠斗不休。

常言道“退一步海阔天空”，大家要的无非都是一个“爽”字，我们又何必吝于互相给予而苦苦相逼呢？

小结

如果对方不愿意做某件正确的事，那么就强迫他去做，直到他养成习惯为止。

第三章

沟通的深度：
如何快速让别人倾吐内心的真正想法

第一节　批评：切入深度沟通的关键点

在很多时候，沟通甚至不需要有结果。只要你能做到深度沟通，这种行为本身便具有重大意义。

管理的技巧，在于“服人又服心”。显然，后者比前者更重要，是前者的基础。那么，管理者如何做到“服心”呢？

没有别的窍门，只有学习共情原则，成为员工的理解者、知心者。而做到这一点，就离不开“沟通”二字。这一点相信没有人提出异议。这里的问题在于，肤浅的沟通无法造就“理解者”，只有深度沟通才能达成这个目的。没错，管理者的罩门往往在于缺乏与员工之间的深度沟通。那么，什么样的要素才能构成“深度”沟通呢？

- 要点 1：时间要长一点
- 要点 2：态度要好一点
- 要点 3：频率要多一点
- 要点 4：关系要亲密一点
- 要点 5：状态要放松一点
- 要点 6：话题要宽泛一点
- 要点 7：内容要深刻一点

这几个要素相辅相成、互为因果。你总要时间长一点、态度好一点、频率多一点，才能让员工感觉和你亲密一点，在与你沟通时状态才能放松一点；你总要让员工放松一点，才能与他无话不谈，而且能涉及一些重要的、敏感的内容；你总要涉及一些重要而敏感的内容，才能把沟通引向深入，才能让你真正了解员工、理解员工，让他们把你当知心人。在很多时候，沟通甚至不需要有结果。只要你能做到深度沟通，这种行为的存在本身便具有重大意义。因为一个能够与员工深度沟通的上司，已经与员工之间构筑了坚实的信赖关系，已经能够让员工将你视作“自己人”了。

再强调一遍，这里面的要点在于“深度”沟通，没有一定的深度，任何形式的沟通意义都不大。无异于隔靴搔痒，几乎留不下任何真正有价值的东西。

上司与员工缺乏深度沟通的后果是严重的：无论你是个脾气很好的上司还是一个脾气很坏的上司，只要和员工之间缺乏深度沟通，你就会给员工留下一种深刻的陌生感和距离感，从而让员工对你产生强烈的猜忌和抗拒情绪，无法建立起最起码的信任关系，更不要说信赖关系了。不能信任，不值得信赖，这样的领导又如何能带出忠心耿耿、恪尽职守、廉洁高效的员工呢？

不设限：让别人把心里话都倒出来

我们在职场中常常会见到这样的管理者，他们心地善良、为人憨厚，自认为人缘好，不用和员工进行太多沟通。殊不知只要是搞管理工作，必然会涉及奖罚，也必然会得罪人，这个时候员工就会觉得他们是“笑面虎”。表面上很客气，背地里使的都是狠招，从而让这些管理者精心设计的“人设”破产。

好脾气的管理者尚且如此，坏脾气的领导在员工心中会留下什么形象便可想而知了。其实，脾气好坏对沟通确实有一定的影响。但每个人都会有自己的个性，没有必要刻意隐瞒或扭曲，只要你掌握了深度沟通的技巧，任何脾气秉性的人都有可能成为员工的知音。

事实上，深度沟通的重要性每个人都知道，深度沟通的动机每个人也都有，而且未必不强烈，大多数管理者之所以与员工之间缺乏深度沟通，一个很重要的原因是不知道该怎么做。具体地说，是不知道应该选择什么样的时机，以及如何开始。

那么，下面我们就来聊聊深度沟通“如何切入”的问题。什么样的时机最适合进行深度沟通呢？我们不妨独辟蹊径，想象两个不同的场面：一个场面与“表扬”（抑或“奖励”）有关，另一个场面与“批评”（抑或“处罚”）有关。

先来说说“表扬”的问题。无论在什么场合下受到上司的表扬，上司与下属之间都很难进行深度沟通。比如说，一个上司把下属叫到自己的办公室，狂热地表扬了他一番，然后让他说说自己成功的经验。一般来说，下属会做什么反应？

毫无疑问，受到上司的表扬，下属的心情一定是非常振奋的，可是一旦说到“成功经验”，十有八九下属会有点懵，不知从何说起。顶破天，下属会机械性地说几句形式话、场面话，比如上司“领导有方”，自己“刻苦努力”以及同事们“给予了极大的帮助”之类的话。这样的对话，显然无法形成深度沟通，更无法触及“灵魂深处”。

不过，批评则不然。一旦下属受到上司的批评，特别是严厉批评，甭管上司的批评“对”抑或“不对”，一般来说下属的心情会极度郁闷，第一个反应不是“痛快地接受和反省”，而是一肚子的委屈，一肚子的不服气。这个时候，十有八九下属会开始搜肠刮肚，给自己找各种借口。

按照常理来说，下属找借口常常会进一步激怒上司，从而换来上司更严厉的批评，抑或干脆叫下属“闭嘴”，彻底剥夺下属的发言权。然后，就没有然后了。沟通本身会戛然而止，双方不欢而散。这样的结局实在是太遗憾了。殊不知，对上司来说，下属越给自己找借口，便越是与下属进行深度沟通的好机会。

正确的做法应该是这样，作为上司，非但不应该喝止下属的借口和牢骚，反而应该让下属说个痛快，把所有的借口和牢骚全部地、淋漓尽致地发泄出来。这种操作的逻辑如下：下属的借口肯定有合理和不合理的部分。对于相对合理的部分，作为上司应该悉心听取、切实接受。能改则改，不能改的地方，“听取”与“接受”本身就是一种姿态，可以给下属留下一个“知心者、贴心人”的印象。剩下的便是不合理的部分。**这一部分主要是下属情绪的发泄。显然，当一个人在发泄情绪的时候，说的往往是真心话，是憋在肚子里，藏在心底深处很久的话。这些话的价值有些时候甚至比“合理的借口”还要高，是非常私人的、非常隐蔽、非常敏感的话。这便是深度沟通绝佳的机会。**只要上司能够认真、诚恳地面对这些话题、接上这些话题，你们之间的沟通将瞬间从“公事”的领域进入“私事”的境界。只有这种私人的、私密的沟通，才能在真正意义上构成深度沟通。

换言之，沟通最怕的就是“公事公办”这四个字。只要你跟下属摆出公事公办的架势，十有八九便可以放弃沟通了。因为这样的沟通往往毫无价值，留不下任何可以沉淀、可以发酵的东西。也就是说，公事公办很难形成深度“沟通”，只能构成“命令”及“强制”。这是一种典型的“单向通行”模式，而不是沟通所必需的“双向通行”模式。

开启双行道：有来有往才能形成连接

当然，这并不是说“单向通行”就不必要、不重要。公事公办自有公事公办的道理，命令与强制在企业管理当中也是必不可少的基本要素。只不过，如果你将这种状态理解为“沟通”，那就大错特错了。这完全是两码事。

因此，我们在这里只探讨“沟通”，不探讨“命令”与“强制”。

总之，“沟通”这码事，即便不是全部，至少也大部分与“私事”“私人”有关，想方设法把话题从“公事”引开，引入“私人”领域，沟通乃至深度沟通才有成立的可能。

因此说，当员工开始找借口，尤其是找不合理借口的时候，当员工开始发牢骚、闹情绪的时候，才是他以“私人”面目面对你的时候，这个机会万万不可错过。万万不可摆官架子面对员工，讲大道理“教育”员工。

遗憾的是，在现实世界里，大多数上司都是反向操作，难怪总是无法与下属深度沟通，总是无法掌握下属的“活思想”、真状态。

小结

只有私人的、私密的沟通，才能在真正意义上构成深度沟通。

第二节　建设性沟通：注重行为背后的深层次因素

深度沟通的次数不用太多，一年一两次就行。

那么，当下属开始呈现“私人状态”的时候，上司到底应该怎么做呢？

- 步骤 1：总要在一两个点上，与下属达成某种形式、某种程度的妥协。即便你觉得不对，至少要表示“理解”。
- 步骤 2：帮助下属解决问题。即便解决不了所有问题，摆一个姿态也是好的。
- 步骤 3：借题发挥，继续拓深、拓宽话题。

举一个真实的例子。有关“上班迟到”这码事，对于大多数公司的管理者而言都是令人头痛的问题。一般来说，多数公司会采取“小额罚款”的方式应对该问题。可这样做的效果往往欠佳，最后是“钱罚得不多，毛病也没改”。又或者，多数管理者还会以彻底的公事公办态度应对该问题。在面对下属员工的抱怨和借口时，常常会用“这是你自己的问题，请你自行解决”等冠冕堂皇的理由“封杀”员工的借口。不过，事实也一再告诉我们，这些理由尽管无比“正确”，可却基本无效，对改变现状来说几乎没有任何建设性意义，仅仅是“走过场”“要官腔”罢了。

可是如果你换一个思路，不把“员工不但上班迟到，而且还给自己找借口”这件事当作挥之不去的心病，而是把它看成一次与员工进行深度沟通的绝佳机会，也许局面就会大不一样。

在这方面，我本人深有体会。若干年前，我曾经在一家大型公司做行政管理总监。那家公司的业务部经理姓刘，他手底下有一个经理助理兼业务主管小张。小张年轻力壮、精明强干，唯一的小小不足是性格倔强、不苟言笑，喜欢钻牛角尖。

认真对待心声：别让不满在别人心中持续发酵

小刘对小张的一切都很满意，也非常重用他。唯一不满的地方，就是小张上班总是迟到，当着公司那么多人的面，让小刘很下不来台。彼时，公司对上班迟到的处理方法是小额罚款，一次罚款10元钱。可是由于不痛不痒，时间长了“老鼠就把鼠药当饭吃”，根本就不在乎那仨瓜俩枣。我觉得情况不对，于是决定换招，加大处罚力度，迟到一次罚款500元！

初时大家都不相信公司是认真的，以为还会像从前一样，嘴上说说，吓唬吓唬人就算了。他们没想到，公司动了真格，将这个新政策坚决地落了地。这下可捅了马蜂窝，公司上下各种“冤（怨）情”喷涌而出，其中以小张的反应最激烈。

刚开始，小张“申冤”的对象是小刘。他对自己的上司说出一大堆诸如“公司离家太远，路上耗时太长”“公交车次太少，等候时间太久”“路上工地太多，通行太不方便”之类的理由。小刘也很干脆，根本不给下属延伸话题的机会，每次都以“这些都不是理由，你早点出门儿不就完了吗？”为由，彻底封了小张的嘴。

无奈之下，小张找到我，把在上司那里受到的“不公”向我倾诉。我立刻对他的“委屈”表示理解，这种善意的反应彻底打开了他的话匣子，絮叨起来，可就刹不住车了。我任由他肆意发泄，静静地听了一个多小时。

坦白说，小张发泄出来的东西，有合理的地方，也有不那么合理的地方。不过，总归合理的多，不合理的少。**可见，员工发牢骚也好，找借口也罢，并不全都是没事找事、无理取闹，也并不全都是推诿责任、开脱自己，有相当一部分内容，是他们的真心话、肺腑之言，需要得到他人，尤其是上司的认真对待、耐心倾听。反之，如果他们的心声得不到认真对待，那么这些牢骚和借口则很有可能变成真正的没事找事、无理取闹、推诿责任和开脱自己。**真走到这一步，恶性循环就形成了。因此，无论如何都要利用好员工发牢骚、找借口的宝贵机会，与员工进行深度沟通，将这种恶性循环彻底扼杀在萌芽状态。否则，任何试图事后弥补的方法，其成本和门槛都太高，效果也会太差。

就拿小张来说，他之所以经常迟到，除了“家离公司太远”这一条之外，还有不少其他原因。小张的女儿才一岁多，正是最缠人、最磨人的时候。由于没有老人照顾，孩子全靠小两口自己带，其生活节奏的紧张程度可想而知。用他本人的话说“家里日子的计划性，要比公司大 100 倍”“回家后的时间几乎要按分钟算，每一分钟都闲不住”。可偏偏公司里的事情多，小张几乎每天都要加班到晚上七八点钟，大量家务都由媳妇一个人承担。这让同为上班族的媳妇心里很不满，小两口经常为此拌嘴，红脸，这种状态已经严重影响了夫妻关系。

事实上，这些情况小张也没少和自己的上司小刘聊，可小刘却一概听不进去。他认为这些都是小张的私事、家事，与公司业务无关，根本就不能成为理由；再者说，“家家有本难念的经”，现如今社会竞争这么激烈，生活压力这么大，谁的日子都不容易。要比谁肚子里的牢骚多，恐怕比一年都比不完。所以这种事儿不能开头，也没法开头，一开头便止不住。所以只能让下属自行解决，公司管不了，也不该管那么多。

坦白讲，小张和小刘的立场我都能理解，不存在谁对谁错的问题。或者说，都有对的地方，也都有错的地方。

问题的关键在于：深度沟通的根本目的不在于解决实际问题，而在于解决心理问题。

当然，在解决心理问题的过程中，实际问题也必须受到认真对待，至少要得到部分解决，但归根结底，心理问题的解决是第一位的。只要解决了这个问题，让下属员工心中的郁气得以释放，并真正培养起与上司之间的信任感和信赖关系，那么员工的士气和公司的效率将不可同日而语。

看我态度够真诚，平时不苟言笑的小张表情明显放松，开始将话题引向一些敏感领域。他开始发牢骚，历数小刘身上的种种不是：安排工作不当，不会分配时间，工作效率太低，听不进别人意见，配合意识不强，等等。总之，是小刘“不会弄”才导致他每天疲于奔命，不得不拼命加班，搞得生活节奏无比紧张，因此才会上班迟到。一言以蔽之，是小刘的“不尽职”导致他迟到，责任在自己的上司，不在自己。所以要罚也应该罚上司，不应该罚自己。

照理说，如此露骨的推诿和开脱，已经足以招致公司高管的一通“狠剋”了。可我却依然不动声色，静静地听他把话说完。等小张说累了，彻底停下来时，我才慢慢开了腔。

首先，我对他的处境表示深深地理解和同情，并和他分享了我当时的生活状态和相关经验。包括怎么和孩子相处，怎么和媳妇儿相处，怎么和双方的家人、亲戚相处，不同的应对方法利弊是什么。毕竟我是过来人，说起来头头是道，也说得他心悦诚服。我能明显地感觉到双方的心理距离被拉近了。

至于小张反映的小刘身上的那些“问题”，我则采取了回避态度。既不附和他的说法，也不否定他的看法。只是答应了他一件事：我去和小刘沟通，让他重新调整一下自己和下属的工作节奏和强度，争取能让小张每天少加班一个小时。

最后，说到这一次的罚款，我表示无能为力：这个事儿不可能只为你一个人开绿灯，否则政策就没有公信力了。不过我相信，这种强度的罚款对于你而言既是第一次，也一定会是最后一次。

小张只能表示认罚，而我也兑现了自己的承诺，成功地减少了小张的加班时间。从那天起，小张再也没有迟到过。何止不迟到，回回都是他第一个到，而且每天至少提前半个小时以上到公司。

说得形象一点，这等于用他每天早回家一个小时的时间，置换了他每天早出门一个小时的时间。

应了那句话：真正容易迟到的人，往往都是那些住得特别近的人；反之，住得越远的人反而越不容易迟到。归根结底，这还是一个意识的问题，态度的问题，而不是一个方法的问题。

化学反应：渠道越通畅，越有默契

那次谈话之后，在我和小张之间发生了一点小变化，也是具有决定性的变化。我发现，我和小张之间的关系亲近了不少。而且我深信这种感觉是我们俩所共有的。这是一种神奇的化学反应，它十分有利于两个人之间信赖关系的建立。

可见，深度沟通能够刺激这样的化学反应。办过和没办过这个事儿，区别实在是太大了。其实，深度沟通的次数不用太多，一年有个一两次就行。效率相当高。当然也不能太少。太长时间不进行深度沟通，即便是亲人之间也会产生隔阂，何况是公司同事？其中的分寸感和节奏感，作为公司管理者一定要很好地把握。

这个案例可以总结出 3 个要点。

要点 1：任何处罚的要害均在于一个“重”字。

轻罚等于不罚，甚至还不如不罚。理由很简单，“罚”的目的在于“痛”，不“痛”则不成“罚”。轻罚无法产生痛感，却能刺激反感。到头来“罚”的目的丝毫没达到，得罪人的效果却一点不小。可谓“赔了夫人又折兵”，得不偿失。既然得罪人的后果无法避免，那不妨得罪到底，一步到位，让“罚”的效果彻底显现出来。

从某种意义上讲，“重罚”恰恰是为了“不罚”。狠罚你一次，把你彻底罚怕了，下回你便不会再犯相同的错误。不犯错，就不会被罚——这才是“罚”的终极目的，亦即用“重罚”来消灭“罚”。轻罚则不然，这种方法会导致“罚”的常态化和疲态化。罚的人和被罚的人都会越罚越累，越罚越没感觉。到头来问题没解决，罚金却越积越多。等于是“以罚养罚”“为罚而罚”，实属劳民伤财、自欺欺人之举。

要点 2：“公话私谈”往往是解决沟通问题的高招、妙招，具有“四两拨千斤”的奇效。

永远记住，无论你和你的同事（不管他是上司还是下属）沟通的是什么性质的问题，“沟通”这件事本身都具有极强的“私人性质”。因为“沟”是手段，“通”才是目的，而“通”指的是心灵之“通”。心不“通”，则“沟”无益。与此同时，任何“通”都与个人的感受、情感甚至情绪有关，换言之，所有这些要素都极富私人化属性，而与“公事”无关。因此，在沟通过程中越是强调“公”的特性，越不容易达到“通”的目的；反之，越是诉诸“私”的属性，越容易收到“通”的效果。

这个道理大家都懂，问题是一到沟通现场便容易“认死理儿”，容易一根筋，死揪着“公事公办”的大原则不放，到头来累死自己不说，具体效果也乏善可陈。

要点 3：对于员工的内部矛盾，上司应及时给予反馈，但不可轻易表明立场。

除非犯了公司大忌或违背公序良俗，并已经给公司带来某种不良后果，否则上司最好不要直接介入员工之间的矛盾。关于这个问题，我在前面的文字中已经做了详细描述，这里便一笔带过了。

小结

深度沟通的根本目的不在于解决实务问题，而在于解决心理问题。

第三节　掌控沟通：要让其他人敢于向你发牢骚

一个真正有涵养、真正聪明的管理者，一定要做到让下属敢于发自己的牢骚，而且是当面发牢骚。甭管下属发的牢骚是对还是错，至少你要让他“敢”。

批评，让管理者与下属员工之间有了深度沟通的机会，这是好事，却也有一个弊端。员工在遭到上司批评的时候，确实会想方设法为自己找借口，从而暴露出不少“活思想”，为上司提供许多深度沟通的“活靶子”；问题在于，这些“活靶子”往往会瞄准别的事，别的人，而与作为沟通当事方的上司本人无关。换言之，员工在找借口、发牢骚的时候会刻意避开眼前这位批评他的上司，尽量不得罪，甚至讨好这位上司，从而为自己谋得一个较为有利的立场和环境。

这是一种自我保护的本能，本也无可厚非，却也留下不小的后患：照理说，一个员工遭到自己上司的批评，一定会倍感压力、倍觉痛苦和委屈，他之所以会遍寻借口为自己脱责，就是为了能够缓解乃至彻底消除这种心理痛苦。显然，给他带来这种痛苦的直接“肇事人”就是眼前这位上司，那么他最大的抱怨和发泄对象，也应该是这位上司才对。而他却偏偏放过了这位上司，这就意味着心中的压力、苦闷与痛感并没有得到有效的消解，假以时日还会重新发作。

遗憾的是，这一点上司本人是无从知晓的。他将完全无感，依然我行我素。换言之，在其后的日子里，他会一如既往地批评员工，给员工带去持续不断的痛苦、委屈和压力。这就麻烦了。事情会陷入一种恶性循环：员工始终无法在批评他的上司本人面前打开心结，这种心结便会越结越深、越结越大。这就像在员工心里埋下一颗定时炸弹，这颗炸弹迟早有一天会被引爆，造成不可收拾的后果。

因此我们经常可以在职场中看到这样一种情况：一个老实巴交的员工，忽然因为某件小事大发脾气，和某个上司彻底闹翻，愤然辞职。

这类桥段看起来好像不合情理，令人一头雾水，其实抽丝剥茧看一看却完全合理。所谓“冰冻三尺，非一日之寒”，祸根早已埋下。“因为你是我的上司，所以我对你有意见也不能明说，真是活活憋死我了，”憋到一定程度，“我就会要你好看！”

可见，当上司批评员工，给员工带来心理冲击和痛苦的时候，让员工也能有一个针对“批评者”发发牢骚，找借口的机会，对“有效沟通”这件事而言有多么的重要。

不过，必须承认这件事真的很难。一个比较常见的场景是，当上司批评下属，却明显感到后者神情不悦，至少不全是一种“心悦诚服”的感觉时，往往会质问一句：怎么着？你不服气是不是？我说错你了吗？来，说说，我哪一点说错你了？

这个时候，下属也只能被迫做出机械性的反应。尴尬地笑笑，然后替自己和对方打圆场：哪里，哪里，您说的都是对的，我服气。个别胆儿大的，则会阴阳怪气地顶嘴：瞧您说的，我哪儿敢啊！您说的都对，怎么可能不对呢？

总之，这样的批评，这样的沟通，非但完全无益，而且极其有害。

一个真正有涵养、真正聪明的管理者，一定要做到让下属敢于发自己的牢骚，而且是当面发牢骚。甭管下属发的牢骚是对还是错，至少你要让他“敢”。

可是说起来容易做起来难。“当面发牢骚”这个事儿，是一种过于公开、过于直白的顶撞。在这种性质的顶撞面前，一般情况下员工都会产生极为严重的心理障碍。换言之，如果有哪个员工敢于做到这一点，那一定是暂时失去了理智，抑或已经做好彻底翻脸的心理准备。

被顶撞的一方也一样。身为上司，而且是在气头上，在对自己的下属做出严厉批评的时候受到下属的直接顶撞，这种行为对上司而言已经不仅仅是“犯上”，甚至是一种“藐视”。“是可忍，孰不可忍”！两相冲撞之下，这样的“冒犯”之举基本上也只能带来双方彻底闹翻的结局。因此，如何把控局面，巧用四两拨千斤的共情技巧将事态向好的方向引导，是管理者必须掌握的一门技巧。

把控技巧 1：要帮助其他人捅破窗户纸

最好的办法，就是同时扮演红白脸，把“引导他”和“激怒他”这两个要素有机地搭配到一起。前者需要循循善诱的鼓励，让对方真正相信即便他说了自己的什么“坏话”，自己也不会在意。不过，做到这点并不容易，因为极少有下属会相信自己的上司真的有这种程度的诚意。因此，也许激怒下属是一种更为有效的“捅破窗户纸”的方式。当然，这种方法也有一定难度，因为下属在面对上司的批评时一般都会采取极力忍让的态度，轻易不会顶撞，除非他想撕破脸。因此要让下属撕破脸，就必须加强力度，以高强度的刺激发动攻击，冲破他的忍耐底线。当然，这两种方法必须交替使用，才能够有效掌控场面，不至于让对方彻底失控。这就需要管理者首先具备控制情绪以及掌控场面的能力。**不能让自己的情绪先失控，在盛怒之下做这件事。即便批评下属的时候自己带着脾气，也要迅速让自己的怒气平静下来，如果实在无法控制住自己的情绪，就要放弃这样的尝试，另寻打开下属心扉的机会。**

其实，当上司在批评下属，而且感受到下属的抵触情绪时，常常喜欢质问“怎么，你是不是不服气”，这本身就说明在上司的潜意识里，已经意识到下属对自己有意见，而且希望下属能将这个意见表达出来。换言之，上司是希望利用这样的机会捅破那层窗户纸，和下属来一次“心与心”的交流；是希望了解对于自己的批评以及自己的处事方式，下属心里到底是怎么想的。问题在于，在当事人双方彼此心里都有情绪的时候，在沟通的现场气氛相当紧绷的时候，这样的愿望不可能实现，下属不可能真正跟你交心。因此，要想达到交心的目的，作为上司的一方要主动作为、主动控场，为这种程度的沟通创造一个良好的环境。

把控技巧 2：切勿急切地为自己辩解或展开反击

一旦窗户纸被捅破，下属当着上司的面说出了自己的心里话，发泄出对上司的不满，上司要尽量予以附和，切忌过于急切地为自己辩解或过于急迫地展开反击。哪怕下属说错了，冤枉了你，也不能着急，不能流露明显的不满情绪。你要对此表示理解，因为“理解”和“赞同”是两个概念。**表示理解不代表苟同对方的意见，但表示理解可以最大限度地安抚对方，让对方能够畅所欲言，然后最终恢复平静**。一旦下属恢复平静，事情就好办了。你可以娓娓道来，详细阐述自己的立场、想法和动机，并对对方的误解做出适当的解释。一般情况下，当事情发展到这一步，你说的话下属会听，而且听得进去。这比让他带着情绪听你的高谈阔论，效果要好上一万倍。大家彼此的心结能够打开，沟通的过程便会异常顺利，效果也会非常好。

把控技巧 3：给予其他人安全感和信任感

等下属彻底恢复平静，上司要及时抚慰下属的情绪，给予其强大的安全感和信赖感。

这里面有两个操作要领。

- 要领 1：不要轻易结束这场沟通。这会使你的下属惴惴不安、疑神疑鬼，对你产生更大、更多的不信任感，让你精心设计的一场好戏彻底破产。因此，在短暂的冲突结束之后，要尽量把下属多留一会儿，和他进行推心置腹的深入交谈。就像前面提到过的那样，一般情况下，在经历过那场惊心动魄的短暂冲突后，下属会相对容易地打开心扉，把自己窝在心里已久的话一股脑地掏出来交给你。只要你也能以同等诚意相待，就可以相对容易地达成深度沟通的目的。最后皆大欢喜。显然，这个时候沟通的目的已经不在于“解决问题”，而在于“交朋友”。你们可以把话题继续拓宽、拓深，可以天南海北无所不谈。只要下属没有尽兴，你完全可以陪他到底。因为机会难得，不可错过。

- 要领 2：即便是事后也要持续性地表明态度，让你的下属彻底放心。毕竟当面顶撞过你，下属的心里还会有所不安，有所疑虑，因此，需要上司持续不断地亮明态度，表现善意，不断地向下属传递信息，让他相信“自己的上司非但不会记仇，还能和自己成为知心朋友”。只要他能这么想，你在公司里便又会多一个忠心耿耿的“兄弟”。

做到这一点，你便能彻底俘获他的人和他的心，让他对你死心塌地。这叫“不打不成交”。

一般来说，下属对自己的上司不可能没意见、没想法，而且这些意见和想法会相当复杂、相当严重。问题在于，上司几乎没有机会了解这些，下属也几乎没有机会表达这些。因此“批评”是做成这件事极为重要的机会，在许多情况下甚至是唯一的机会。万万不可轻易错过。

总之，下属对上司，尤其对顶头上司的怨气是一种有毒物质，这种东西积累到一定程度便会爆发出来，产生无法挽回的严重影响。因此，聪明的上司一定会想方设法，定期地帮助自己的下属“排毒”。毒素排出来了危险也便解除，至少毒性会极大地减弱。不止如此，在“排毒”的过程中，上司还会得到许多灵感和启示，从而发现自身的短板以及纠正这些短板的方式方法，可谓“一举两得”，美事一桩。绝对值得一试。

当然，主动出手帮助下属“排毒”也要有分寸感，切不可矫枉过正。否则惯坏了你的员工，让对方蹬鼻子上脸，不再把你的“上司威仪”当回事，而是把你当“老好人”欺负，那就麻烦了。

说到底，“管理”这门工作始终是一个“走钢丝”的活儿，既需要你屏息静气、专心致志，又需要你头脑灵活、随机应变，始终保持稳定的平衡感。做不到这一点，你就不配当别人的上司。

据西班牙一个权威机构的调查结果显示，一般来说，上班族的八成以上，并不在乎钱，而更在乎工作环境。“工作环境”八成又与“是否能遇到一个好上司”有关。可见，“上司”这个因素，对我们每一个人的职场经历的质量来说，是有多么的重要！即便你自己是一位上司，你也一定还有自己的上司。将心比心，扪心自问：这是不是你自己的心声？

重点在于，评价一位上司的好坏，往往和上司“脾气的好坏”并没有直接关系，只和他能否与下属进行“深度沟通”有关。

海底捞的掌门人张勇就是一个例子。海底捞创业的时候，张勇有一个神勇的班底，拥有极高的忠诚度和工作效率。可这位老板的脾气一直都很坏，骂起人来劈头盖脸、不留情面，不分时间、地点、场合，甚至往往当着员工下属的面骂，让他们下不来台。可即便这样，所有的班底成员都对他忠心耿耿、披肝沥胆，原因就在于张勇常常都会与他们进行深度沟通，关心他们的私生活，让他们觉得自己像老板的“家人”一样。可是后来海底捞逐渐壮大了，正规了，老板反而不与下属进行深度沟通了，班底成员想和他说说心里话都找不到机会，甚至见他一面都很难。因为这是张勇刻意这么做的，他开始刻意回避与班底成员进行私人接触的机会。这样一来，有些班底成员就慢慢地灰心了，动起离职的念头。

不过即便这样，海底捞依然在企业制度上保留了一个良好的传统，那就是深度介入员工的私生活和私人世界，甚至有所谓“宿舍长”这种专门关注员工私生活的岗位设置。因此，总的来说，它的离职率在同行业中还算低的，至于效率和效益，那就更不用讲了。可见，如果这位掌门人能再往前多走一步，重归初心，把他本人在创业时善于与下属进行深度沟通的好传统重新捡回来，乃至发扬光大，管理的效果会更好，海底捞的业绩也会更辉煌。

这个案例很有启发性，希望能给我们的管理者带来真正的灵感和切实的改变。

今天，你和你的下属进行深度沟通了吗？

小结

当上司批评员工，给员工带来心理冲击和痛苦的时候，让员工也能有一个针对“批评者”发发牢骚、找找借口的机会，对“有效沟通”这件事而言非常重要。这就是所谓的“不打不成交”。

第四章

沟通的声调：如何让自己充满感染力

如果我问你：中国人在沟通中最明显的一个特征是什么？听好了，我的问题是“最明显”，没有之一。

相信大多数人给我的回答一定是：嗓门大。没错，中国人的“大嗓门”是举世闻名的，现如今随着国人大量步出国门，这一特点已经让外国人深深地领教了。

我的日本朋友就曾经亲口跟我说过：中国游人聚在一起说话的时候，本地人常常以为他们在吵架，可看起来他们彼此之间的关系又显得异常亲密，真是不可思议！这要是在日本，“吵”成这个样子那一定是出了大事，可在中国人看来却显得稀松平常！看起来，“嗓门大”这一点似乎成了中国人的缺点，连我们自己也觉得有些难堪，也在不停地自我调整、自我纠正。

我的观点是：在公众场合，确实应该嗓门低一些；但是在职场里，“大嗓门”也许恰恰是我们的一个优点。因为大嗓门是沟通的润滑剂，有利于达成较为理想的沟通效果，反之亦然。

遗憾的是，我们的做法常常是反着来：在职场当中嗓门小，在公众场合则显得比较聒噪。西方人则和我们正相反：他们在公众场合比较安静，在职场中则比较聒噪。

甚至包括日本人也是这样。我们对日本人有一个巨大的误解，那就是一厢情愿地认为，日本人在任何场合下说话的声音都比较小，都显得比较安静；其实不然，在公众场合，日本人说话的声音确实小得跟蚊子似的，可在职场当中，他们的调门却一点也不低，和私生活中说话的嗓门有一拼。这是个很有意思的现象，值得我们好好研究一下。

首先，有一点大家可以达成共识，那就是私下里大家的嗓门其实都差不多。无论是中国人、日本人还是欧美人，在私生活中的说话音调都很高，音量也都很大，可是在公众场合和职场中的音调和音量，彼此的区别却很大。为什么会这样？

因为在私人空间里，彼此的关系异常亲密，大家的状态非常放松，因此自然而然嗓门就大起来了；反之，在公众场合和职场中，人们会觉得受到周遭环境和人际关系的约束，关系的亲密度和状态的放松度都会有所降低，自然嗓门也会低下来。

那么，当人们感到比较放松、环境比较友好、关系比较亲密的时候沟通效率高，还是当人们感到比较紧张、环境比较不友好、关系比较疏远的时候沟通效率高呢？答案一目了然：当然是前者沟通的效率比较高。就这么简单。

现在的问题在于，当人们身处公众场合的时候，周遭环境差一些、彼此关系疏远一些、紧张感和警惕性高一些是无所谓的，因为公众场合不是人与人之间进行沟通、交流的主要场所，即使沟通的效果差一点也无伤大雅；然而，同样的现象如果出现在私生活中或职场中，那就有问题，后果也会更严重。

如果这种事情发生在私生活当中，那么你的人际关系一定出了大问题，需要好好梳理一下了；同理，如果这种事发生在职场中，那么工作环境肯定有不小的问题，沟通效果会大打折扣，也必须想办法改变现状。

矛盾之处在于：当我们发现自己和最亲密的朋友说话时音量变得

很小，我们往往会敏锐地意识到问题的存在；然而，当我们用同样低的声调和职场同仁对话时，我们却觉得理所应当，不觉得有什么问题。而这本身，就是一个大问题。

第一节　激情：大嗓门与肾上腺激素

激情这个东西是需要持续的，而且必须贯穿整个过程，不能仅仅开头走个过场，其后便销声匿迹。

在我从事一线管理工作和管理咨询、培训工作的这几十年中，一直都有一个问题困扰着我：我是天生的大嗓门，无论是在家还是在公司，说话的声调都很高，音量都很大。这是一种下意识的行为，我并没有特别注意。可是总会有一些朋友和同事好心地提醒我：声音小一点，否则会影响别人的。

这要是在公共场合，比如说在公交车上或者博物馆里，我会愉快地接受建议，刻意地降低自己的调门，但是在职场中，面对这样的建议我就会感到很困惑：为什么同事之间不可以像朋友之间那样说话，非得给人一种“偷偷摸摸”的感觉呢？又不是做什么坏事，为什么非得呈现出一种“做贼心虚”的状态才行？难道这真的是一种“职业素质”的表现吗？

我感到很奇怪。都说我们中国人是大嗓门，可中国的职场实在太安静了，而且近些年有越来越安静的趋势。似乎有许多人确实把这当成了职业素养高的表现，而且这种表现似乎来自对我们中国人在声调方面的反省和自我调适。

中国人似乎把欧美人当成了自己的效仿标杆：你看人家，调门多低，素质多高！可正如我在前面所讲的那样：外国人唯一比我们调门低的地方，就是公众场合；在私下里和职场中，其嗓门一点不比我们小啊！

不信我们就回忆一下，这些年来我们看过的外国影视剧，那里面的职场风景哪个不是热气腾腾，甚至有些聒噪呢？

美国职场自不必说，日本职场也是这样啊！

别说下属和上司之间的对话，即便是同事之间的对话，嗓门也很洪亮，有时候几乎是在喊！说话的调门高，往往和其他的一些身体语言相辅相成，比如说走路的速度快，做事时手脚麻利，绝不拖泥带水等。这些场面都是外国职场的日常风景。尽管他们穿着雪白的衬衫，打着漂亮的领带，可是却往往挽着袖子，额头上沁出一层薄薄的汗珠——这样的场景，我们始终是太熟悉了。

所谓“热气腾腾”“朝气蓬勃”“蒸蒸日上”，说的就是这样的场面；强大的企业文化，乃至强大的公司，就是这么来的。要说这一切的终极来源就是“大嗓门”，并不算太过分。可见，大嗓门不但对沟通的效果有百利而无一害，对公司的氛围、士气，乃至执行力的提升，都有着特殊的功效。

专注：越兴奋，沟通效率越高

这一现象的产生有其内在的科学规律。它与人类分泌的肾上腺素有关。

我们知道，肾上腺激素的分泌可以提高人类的兴奋水平。人们在比较兴奋的状态下，注意力更容易集中，沟通效果会比较好。反之亦然，如果人们在沟通时嗓门太小，不够兴奋，注意力反而容易分散，从而影响沟通的效果。

当然，肾上腺激素分泌过于旺盛，表现得过于兴奋，是不利于沟通的，那真的会让你和你的同事“吵”起来，从而让你们离预期的沟通目标渐行渐远；不过适度的肾上腺素分泌，适度的兴奋感的制造和保持，绝对有利于你们达成既定沟通目标。

其实，只要局面大体可控，适度的争吵对沟通也是有益的。比如我们在看美国职场剧的时候，会明显感觉到他们的沟通状态常常类似于争吵，几乎一言不合就“掐”起来，调门陡然升高，言语之间颇有一些侵略性。可是人家的职场氛围始终保持着莫名的和谐。就好像我们中国人在公共场合表现出来的那样：看着像吵架，其实内部关系分外融洽。

理由无他，因为“关系好”，关系不好还“吵”不起来呢！

日本人也一样。日本人在职场中也绝不像我们想象得那般保守，他们常常会直抒胸臆，有话直说，看起来也像“吵架”的样子，但是人家的关系也特别和谐。因为他们觉得这是“负责任”的行为，只要对公司好，对工作好，就可以有话直说，将自己的主张大声地表达出来。人家并不觉得这样做有什么不对，反而将其看作“职业素养高”的表现。当然，前提是对事不对人。这一点，和他们身处公共场合或者面对陌生人时谨小慎微、费尽心思遣词造句的样子大相径庭。

因此，如果你想让职场中的沟通效率更高，那不妨壮壮胆子，鼓励自己和你的员工把说话的调门儿调高一些。也许会有奇迹发生也说不定。

再来聊聊肾上腺激素与激情的关系。

中国的管理者常常抱怨下属在工作时缺乏激情。从结论上讲，激情的缺失与员工在工作时不够兴奋有莫大的关系。不过，在任何状态下，人们表现得不够兴奋的理由只能有一个：肾上腺激素的分泌水平过低。提高说话的声调和音量，是瞬间提升肾上腺激素水平的最佳方法。不信你可以试一下，让一个人站到你面前，命令他提高嗓门说话，然后测一下他的肾上腺素的状态，看看会发生什么。

这一招可谓一试就灵，百试不爽。

明白了这一点，我们就能明白为什么军队里搞操练的时候，要求军人们的嗓门必须提到最高的原因了。

如果你认可“军人的激情、执行力以及综合职业素养是所有行业当中最高者之一”这个结论，相信你就会认为我所言不虚。

事实上，除了日常操练以外，军队里还经常会搞一些类似“拉歌比赛”的项目：几个方队轮番唱歌，不比哪个方队唱得好，只比谁的嗓门大。哪个方队可以在嗓门上压过对方，哪个方队就会获得最终的胜利。这种“拉歌比赛”对于提升部队的士气也大有裨益。

其实，在职场中也会出现这种情况。比如我们大家都非常熟悉的早操或晨会，就会刻意对“大嗓门”提出要求。其目的也是为了提升士气、鼓舞激情。问题是晨会一结束，当大家步入办公室后，就会立马呈现出了完全不同的场景：每一个人会瞬间变得蹑手蹑脚，细声细气，小心翼翼。

这种鲜明对比颇具讽刺意味：好不容易鼓舞起来的士气和激情瞬间被浇灭，那你的晨会又有什么意义？难道说那些士气和激情仅仅是一种表演，一个摆设不成？

可见，激情这个东西是需要持续的，而且必须贯穿整个过程，不

能仅仅开头走个过场，其后便销声匿迹。这就意味着，如果你的员工在整个 8 小时内都能保持大嗓门，其实晨会搞不搞两可。

中国的职场有一句老话，“8 小时之内像条虫，8 小时之外像条龙”。这是一种莫大的讽刺。我们真正想要的是完全相反的结果：8 小时之内像条龙，8 小时之外像条虫。换言之，我们需要将自己的最佳状态贡献给公司，贡献给团队，在团队中榨干自己的热情之后，再去寻求“8 小时之外”的放松，乃至懈怠。难道不是这样吗？

上班时状态奇差，下班后状态奇佳，这绝不是什么“高素养”的表现；任何出色的职业工作者呈现出来的都是完全相反的状态。比如我们熟悉的喜剧演员郭德纲或周星驰，舞台上的他们大放异彩、活跃至极，而舞台下的他们却低调收敛、无趣至极。

理由很简单，因为他们的全部激情和热血都撒在了舞台上，以致精疲力竭，舞台下唯一需要做的事就是“休息”与“恢复”，亦即“养精蓄锐”而已。

如果每一个职场都能有这样的工作状态，何愁事业不成功，何愁企业不强大？

干扰强度：安静不等于安心

有人可能会提出反对意见：你说的意思我明白了。可是还有一个问题你没想到。那就是如果我们每个人都在团队中提高嗓门，把团队环境搞得那么聒噪，会不会影响其他同事的工作？毕竟那里是工作场所，不是菜市场。你把工作场所搞得跟菜市场似的，连安静工作、安心工作都做不到，又如何能确保工作效率？

这个问题提得好，值得好好分析一下。

首先，我们必须厘清两个概念，那就是“安静”与“安心”。

显然，这两个概念有交集，也有并集，其本质含义和外在表现并不完全一样。

换言之，“安静”有可能带来“安心”，可并不总能带来“安心”；有的时候，太过“安静”反而会妨碍“安心”。

这又是为什么呢？

让我们举两个简单的例子：

相信你对图书馆和火车站这两个公共场所不会感到陌生。

那么如果我问你：在上述两种场合看书，哪一个会让你更安心呢？

请注意，我说的是“安心”，不是“安静”。

如果是后者，显然图书馆胜出；可如果是前者，情况则有所不同。也就是说，很有可能在火车站看书，会比图书馆更“安心”。

为什么会这样？

理由很简单：正是因为图书馆太安静，可能你反而更难做到“安心”。周遭环境的任何一点异响，都会让你受到莫大的困扰。比如邻座的读者忽然接打电话，便会让你很心烦。即便你向他提意见，制止了他的行为，你也不大可能立刻安下心来，重新沉浸在读书当中。因为你不知道他是否会接打另一通电话，抑或其他什么人、什么动静会给你带来新的干扰。于是你会心烦意乱，最后干脆拍屁股走人。可如果我们把相同的场景换到火车站，情况便会大不相同：反正四处都是噪音，你也就不会在意，反而能将自己彻底沉浸在手中的书里。

就这么简单。

可见，安静未必会带来安心；而安心，才是集中注意力唯一的方式。

团队当中也一样。周遭的环境太安静，员工反而容易受到哪怕一点点异动的干扰；而相对嘈杂的环境，反倒让员工更容易入静、入定，沉浸在自己的工作当中。

这是一个悖论：如果安心越依赖于安静，你就必须提供一个无限安静的环境，哪怕是一根针掉到地上都会骚扰安心。然而，我们现在的工作环境恰恰就是这样，哪怕一根针掉到地上都能清楚地听见。在这样的环境中工作，员工的注意力到底是更涣散还是更集中？恐怕最低限度，也会让人昏昏欲睡，不可能安心工作。如果我们考虑到为员工提供“无限安静”的工作环境需要花费高昂的成本（至少需要耗费过多的精力），这么做便越发得不偿失。

可见，嗓门大一些，工作环境聒噪一些，不仅能让工作环境更活络，让员工更富激情，还有助于提高职场里的安全感，从而让人们更容易集中精力安心工作，而不是相反。

在这一点上，欧美以及日本确实给我们提供了可以效仿的标杆。

小结

嗓门大一些，工作环境聒噪一些，不仅能让工作环境更活络，让员工更富激情，还有助于提高职场里的安全感，从而让人们更容易集中精力安心工作，而不是相反。

第二节　执行力：大嗓门的鲶鱼效应

一般来说，感性的人比较有执行力，理性的人则不然；“粗人”比较有执行力，“细人”则不然。

最后，再说一说声调与执行力的关系。

问一个问题：一般来说，嗓门大的人比较感性，还是嗓门小的人比较感性？或者换一种问法：你觉得嗓门大和嗓门小，哪一种人往往会显得比较理性？

这个问题的答案简直就是“秃子头上的虱子，明摆着的”：当然是嗓门大的人比较感性；嗓门小的人比较理性了！

相信这是你出于直觉给出的回答，而你的这种直觉绝对是经验之谈，因此绝对是正确的。

那么，如果我再问一个问题：一般来说，感性的人执行力比较强，还是理性的人执行力比较强？你会怎么回答？

恐怕你的回答会是：当然是感性的人执行力比较强。因为他们容易兴奋，比较有激情，喜欢“点炮就响”、立马行动的行为方式。

这就对了。你抓住了事物的重点。

感性管理者：执行力催化剂

我一向认为感性的人比较有执行力，理性的人则不然；“粗人”比较有执行力，“细人”则不然，就是因为这个道理。

因此，有效提升员工的激情和执行力需要遵循这样一个基本规律：任何公司都需要存在一两位极富感性的管理者和员工，让他们做催化剂，去感染自己的下属和身边的同事。

这就是所谓的“鲶鱼效应”：沙丁鱼有这样一种生活习性，生存环境越是优越，它便越慵懒，也就越容易死亡。于是，人们就往沙丁鱼群中扔进一条它们的天敌鲶鱼。由于惧怕被鲶鱼吃掉，沙丁鱼就会拼命地游，拼命地逃，其身体因此就会变得更健壮，动作会变得更灵活，生命力也就会变得更强大了。表面上看，确实有一部分沙丁鱼会被吃掉，可这属于正常淘汰。淘汰了弱小的沙丁鱼，留下的都是强者。换言之，鲶鱼的出现恶化了沙丁鱼的生存环境，激发出了沙丁鱼强烈的求生本能，从而促使沙丁鱼更强大，并逐渐适应，乃至最终战胜恶劣的环境。

这一效应也可以应用到团队当中。**因为人类心理存在一种效应：情绪这个东西是容易传染的。在充满激情的人身边工作，人们会不自觉地受到感染，低调的人也会变高调，木讷的人也会变积极。反之亦然。**如果身边的上司和同事都是充满理性、异常低调的人，那么职场中的所有员工都会被其逐渐感染，变得理性和低调起来。这种状态下激情与高效也只能成为一种奢望。

我们身边大部分公司的氛围都显得比较消极，执行力也比较低下，其根本原因就在这里。

安静的代价：康老板和他的医疗企业

给大家讲一个真实的故事。康总是我进入管理咨询行业时认识的一个老板。他开了一间医疗公司，利用一位台湾专家发明的专利设备，给小孩子纠正弱视和近视的毛病。由于是新产品、新方法，再加上是一家初创公司，在推广业务的时候遇到不少困难，社会认知度太低，在很长时间内都不能盈利。

康总很烦恼，把我找去给他参谋参谋。在公司里走了一圈，又和他本人深聊了几个小时之后，我有了一种隐隐的预感：他公司的毛病不在营销，或至少不仅仅在营销，还有其他的问题，而且问题相当严重。我发现，这家公司实在是太安静了，连员工的呼吸声都清晰可闻。如果有哪位女员工穿着高跟鞋从你身边走过，脚步的嗒嗒声居然有几分刺耳，几乎与"噪音"无异。

我很难判断员工在上班时是一种什么状态，到底是过分专心，还是心不在焉？至少从表面上看，好像每个人都专注于眼前的一摊事，但是他们的效率到底如何，却无从得知。

我跟康总提到了这一点，他却不以为然："我们是一家医疗企业，是治病救人的地方，当然不能太闹腾。这就好比医院，就得静悄悄的才成。你见过哪家医院是人声鼎沸的？"

我却有不同的看法。在我的印象里，大多数医院还真就是人声鼎沸的，几乎和菜市场有一拼。每个大夫都是在一片嘈杂声中工作，也没有谁会觉得不自然、不正常。不夸张地说，这种场面已经成为我们生活中的一道日常风景。而且，越是那些顶级大医院，便越聒噪，越像菜市场；反之，越是那些没什么名气，也没什么人气的小医院，才会显得格外安静，给人一种身处图书馆的感觉。

不知道在医疗行业干了一辈子的康总为什么会产生“医院就应该是个安静的地方”这种印象，难道说仅仅是因为医生们都穿着白大褂的原因？

也许是这样。因为康总公司的员工人人都穿着白大褂，以医生自居，难怪会那么细声细气、谨小慎微、蹑手蹑脚。

在和康总谈话期间，有几名员工进来汇报或请示工作——果不其然，每个人的声音都小得跟蚊子似的，态度上也显得毕恭毕敬，诚惶诚恐，似乎生怕一不小心就会说错话，做错事。就好像一个胆小的孩子闯了祸，一方面不得不跟父母承认错误，一方面又害怕父母的呵斥与惩罚。

有意思的是，康总本人却是一个典型的大嗓门。他生性豪爽，声音洪亮，表现欲极强，表达能力也超乎常人。话匣子一打开便停不住。只要他开了腔，隔着墙，其声音也能传导到公司的大部分角落。

照理说，这种性格的人应该极富感染力才对。在他身边工作，即便是木讷的人也会变得情绪高昂。可问题在于康总是老板，平时和员工接触极少，而且也恰恰因为老板这身份过于高不可攀，员工也会刻意与他保持距离。因此好端端的一个“激情发动机”也便失去了其应有的功用。

我换了一个话题，委婉地询问起，员工在工作激情和执行力方面的表现。

这一下戳中了康总的痛处。他开始絮絮叨叨地数落员工的不是，认为自己并没有亏待他们，而他们的工作态度和效率却令他极为失望。

这就对了。这才是真正的重点。事实是明摆着的：如此安静的工作环境，员工怎么会有激情？员工没有激情，工作怎么会有效率？

尤其对初创企业而言，什么都缺，唯独不缺的是人的激情；或者说，什么都可以缺，唯独不能缺的是人的激情。既然你一无所有，白手起家，如果连最起码的激情都拿不出来，又怎么能将创业进行到底？又怎么能把企业送上正轨？

因此说，营销手段固然重要，可是如果“人”掉链子，即便你有再好的营销方式也于事无补。关键还是在于“人”，特别对初创企业而言，这几乎是唯一可依赖的资源。

费尽九牛二虎之力，我终于说服康总接受了我的观点。接下来的问题就是，应该怎么做，才能从根本上改变这一局面呢？

我提了一个建议：为员工寻找一位感性一点、情绪化一点、嗓门大一点的直接上司。

康总有些懊悔地告诉我，他媳妇就是这样的人，急脾气、点炮就响、大嗓门。刚创业的时候，他媳妇是总经理，他本人是董事长。可是后来公司稍微有点模样了，他觉得应该让公司走上正轨，因此不能任人唯亲，于是便撤换了自己的媳妇，又从外边请了一位高手做总经理。为这事儿，媳妇没少和他闹意见。可他却坚信自己的做法是对的，始终不为所动。

我问他：媳妇做总经理的时候，员工的工作状态如何？

他答：确实比现在好一些。

我：既然如此，何不重新重用她？

他：开夫妻店，给人的感觉始终不太好，显得不大正规；再说我已经用了别人，怎么好意思炒人家鱿鱼？

我笑了：“任人唯亲”是不好，但“举贤不避亲”也没有什么错呀！何况你的公司还是初创企业，八字还没一撇儿呢，那么着急把它鼓捣“正规”了有什么用？现在就应该是“哪招有用，用哪招”啊！再者说，用自己的媳妇，也没必要非得开除现任总经理。让她做总经理的副手就行。也就是说，“官衔”无所谓，反正她是老板的媳妇，公司是自己家的，官大官小无关紧要，只要能做事就行。如果我没猜错，你媳妇现在心里正憋着一股劲儿，正想着有朝一日扬眉吐气呢！你不妨给她创造一个机会，把她憋在心里的那口气释放出来，看看会发生什么？

康总照做了。

几个月后，我再次拜访了康总。其公司亏损依旧，但康总的脸上居然有了几分笑意。

我知道那笑意背后的内涵：进入公司的瞬间，我感觉自己走进了一家菜市场，不对，应该是一家顶级的知名医院，听到了熟悉的嘈杂声。

这就对了。因为我知道那样的医院，人气不会差，生意也不会错。

康总公司的故事很有代表性。追本溯源，这一切都与“大嗓门”有关。声调高、音量大的人往往比较感性，感性的人往往是急脾气，点炮就响、雷厉风行。他们手脚麻利、充满活力，无法忍受低效率和沉闷的企业氛围。他们对周围的人和环境有着极为强大的影响力、感染力和塑造力，他们是公司宝贵的资源，是公司里的“鲶鱼”。

当然，这种“鲶鱼”也不宜过多，太多会起反作用，会自相残杀，拖累公司。一般来说，每十个人当中有一两个这样的人足矣。这样的比例比较适合鲶鱼效应的产生与发力，比较容易将公司整体的肾上腺素水平控制在相对合理的程度。

总之，一切都从“大嗓门”开始。从这里入手，一定会有惊喜。

小结

任何公司都需要存在一两位极富感性的管理者和员工，让他们做催化剂，去感染自己的下属和身边的同事。

第五章

沟通的精度：如何明确地表达自己的想法

第一节　低效沟通：为什么我们的话，总是抓不住重点？

从理论上说，一个人的话术封闭性越高，焦点就越明确，重点就越突出；反之亦然。

不知道你发现没有，相当一部分职场人士在与他人沟通时往往容易犯一个毛病，那就是“抓不住重点”。两个人磨磨唧唧地说了半天，结果谁也不知道对方到底想说什么、想要什么，最后只能是无果而终、不了了之。

为什么会这样？

一个最重要的原因就是，我们在沟通时往往没有重点、逻辑混乱，再加上语言组织能力欠佳，结果就是说了一大堆，也等于白说。

其实，我们自己还是完全有重点的。在大多数情况下，我们完全知道自己到底想说什么、想要什么，可不知何故，就是不知道该怎么表达，怎么将自己的重点准确地传达给对方。结果就是忙活半天也说不清、道不明，让对方急，自己也急；既浪费对方的时间，也浪费自己的时间。这样的沟通，也实在是太纠结了。

那么，为什么人们在沟通时往往抓不住重点呢？一个重要的原因，就在于我们没有弄明白开放式话术和封闭式话术的区别。

所谓“开放式话术”，就是说语言的焦点不明确，整体呈发散状态；所谓“封闭式话术”，就是说语言的焦点很明确，整体呈收敛状态。

当然，无论是开放还是封闭，都是一个“程度”的问题。从理论上说，一个人的话术封闭性越强，焦点就越明确，重点就越突出；反之亦然，一个人的话术开放性越强，焦点就越模糊，重点就越隐晦。显然，前者能使沟通更有效率，能让沟通双方在最短的时间内弄明白对方的意图，搞清楚对话的重点，从而能够有的放矢，迅速推进，用最少的时间达成妥协，拿出结果；而后者则不然，由于焦点模糊、重点隐晦，沟通的效率将异常低下。经常会形成一种“各说各话”“鸡同鸭讲”的局面，两个人的对话完全是平行线，无法形成交点，因此无论沟通过程持续多长时间，也常常无法拿出有说服力的结果，最后只能不了了之；又或者，尽管沟通双方也会试图尽快找到焦点和交点，只是苦于对方的开放式话术，迟迟无法达成这个目的，结果让整场沟通在“互相摸底却无果”中结束。举个例子。

> 让我们来看这样一段对话。
>
> 这是一位老板和总务部经理之间的对话。
>
> 老板：说说，你们的困难是什么？
>
> 经理：大家都反映公司的后勤保障有些问题。
>
> “什么问题？”
>
> “办公设备方面，有些跟不上趟。”
>
> “哪些办公设备？”
>
> “缺一台复印机。还有就是，要是有一台扫描仪就好了。”
>
> “这些机器要多少钱？”

“复印机3000多元，扫描仪2000多元。”

“那好，复印机给你们配上一台；扫描仪暂时用处不大，缓缓再说。”

在这段对话中，老板用的就是典型的封闭式话术，而经理则是典型的开放式话术。

显然，老板对经理的开放型话术是不满的，他步步紧逼、层层封闭，一直到把经理想表达的重点彻底“逼”出来为止。这样的沟通效率是不高的。可如果经理一开始便采用封闭式话术，这场沟通的效率又会如何呢？

让我们看一下。

老板：说说，你们的困难是什么？

经理：我们缺两样设备。一是复印机，一台大概3000多元；一是扫描仪，一台大概2000多元。

老板：好的。复印机给你们配上一台；扫描仪暂时用处不大，缓缓再说。

你看，这样一来，这段对话是否利索得多，效率也高得多？

当然，这是一个最简单的例子，现实生活中的许多案例比这可要复杂得多。这个案例中的问题很快便得到了解决，可是现实生活中的许多案例却很有可能不了了之，无果而终。

可见在沟通中尽量使用封闭式话术有多么的重要。

那么，为什么人们在沟通中如此热衷于使用开放式话术呢？有这样几个原因。

原因 1：选择困难症使然

封闭，就需要做出选择，而且是精准选择。然而，许多人患有选择困难症，这就使他们难以做到封闭。

打个比方。在和友人或恋人外出就餐的时候，我们往往会将点菜的任务推给他人。当别人问我们“你想吃什么？”的时候，我们常常会用“随便”二字来搪塞。

这就是典型的选择困难症。既然“选择”是一件这么困难的事，那不妨让别人来做，自己坐享其成即可。

在这里，“随便”二字就是超级“开放”的话术，说了也等于没说。对方还不如不问你，一开始就自己拿主意。**问题是，如果你用惯了这种开放式话术，你就会逐渐变成一个令人讨厌的人。因为这样的人对他人而言无异于一个包袱、一只寄生虫，没有任何建设性和生产性。**久而久之，你就会显得不合群，而逐渐被他人淘汰出局。

千万别觉得我是在夸大其词。生活中这样的人并不少，这样的教训也绝不鲜见。如果你知道“换位思考”是什么意思，相信你就会明白我在说什么了。

原因 2：责任心不足

归根结底，选择困难源于不想负责任。一旦选择，就要行动；一旦行动，就会有后果。承担后果是一件麻烦的事，这种事最好让别人来做。换言之，如果选择之后的结果好，我不稀罕；如果选择之后的结果不好，我也不担责。

这就是一种典型的懒汉心理，是缺乏担当的表现。这样的人不可能成为沟通达人，而在沟通方面的严重缺陷，也不可能让他成为一个受欢迎的人。

因此，真的不要小看你的沟通技巧和说话方式，这个东西闹不好会和你的人品，乃至人格挂上钩，最后让你吃不了兜着走。

如果我们承认生活中的沟通达人往往是那些人缘比较好且受人尊敬，令人信任的人，那么显然在沟通技巧方面的磨炼，其意义已经远远超出了“沟通”本身的范畴，直达“做人”的领域。

原因 3：能力问题

心里明明知道自己要的是什么，可就是无法准确地描述出来。说来说去总是说不到点儿上，把自己和沟通对手都给急死。

这是口才问题，更是逻辑问题。缺乏逻辑能力的人不大容易准确地表达自身想法。而逻辑能力既和学识有关，更与生活历练相关，加强这两方面的锻炼和积累，是克服能力问题的唯一路径。

原因 4：面子和礼节上的考虑

觉得自己说得太直白会显得过于生硬，让对方难以接受，或者会让大家都感到难堪，所以只能跟剥洋葱似的一层一层地剥，一点一点地封闭，直到最后把重点彻底说出来。

坦白说，这种考虑有一定的合理性和正当性，问题是凡事都要有分寸，如果过于顾及礼节和面子，有可能会让沟通过程陷入停滞，甚至走进死胡同，最终让你的沟通目的彻底打水漂。因此，适当地“开放”一下，简单地做一个铺垫，然后迅速地“封闭”起来，是你必须要过的心理关。这一关过不了，你很难成为真正的沟通达人。

原因 5：信心不足，心虚

这就不仅仅是面子和礼节的问题了，而是源于当事人自己对自己试图表达的重点完全没信心，不知道该不该说，以及说出来会有什么结果。

这种情况下有 3 种处理方式：

- **如果你有这种感觉，说明你对这个议题和这场沟通的准备还远远称不上充分**。因此你才会如此没有信心。你最好多做一些准备，多了解一些情况，多拿出一些备选方案，在你自己认为比较有把握的情况下再发起这场沟通为宜。否则即便贸然发动了沟通，效果恐怕也不会很理想。
- **即便没有信心，也冒险尝试一下，期待奇迹发生**。**可如果你选择这样做，一定要提前做好心理准备**。也就是说，万一结果不理想，甚至是灾难性的，你是否能承受得住，是否能拿出应对方法。把这一点想明白了，你便可以大胆尝试。否则还是暂时放弃为好。
- **既然自己没信心，那就从一开始便选择放弃**。等什么时候时机成熟了，再徐徐图之不迟。

原因 6：对自身需求缺乏了解

完全不知道自己的需求。反正就是觉得缺点什么，可到底缺了点什么，自己也不清楚。既然不清楚，也就无法准确地表达出来。

不过，正如我在前面所说，这种情况在日常沟通中并不常见。绝大多数人知道自己的需求重点，只是缺乏整理的能力，归纳总结的能力，以及准确表达的能力。因此，归根结底这还是一个能力问题，需要在日常沟通中多练习、多实践，逐渐掌握封闭式话术的技巧。

综上所述，开放式话术的使用往往有着比较复杂的背景，搞清楚这些背景，有利于我们在日常沟通中有意识地摒弃开放式话术，以及有意识地训练封闭式话术。

不求多，如果有一天在你所有的沟通过程中，封闭式话术的使用率能够达到五成，甚至三成以上，你的沟通效率都将成倍提升。

不妨尝试一下，看看我的话到底靠不靠谱。

小结

不夸张地说，沟通技巧方面的磨炼，其意义已经远远超出了“沟通”本身的范畴，直达“做人”的领域。

第二节　落地：封闭式话术更容易达成沟通目的

重点太多等于没有重点；焦点太多等于没有焦点。这就是“开放”与“封闭”的差别。

开放型话术的亏，相信大多数人都吃过。

在这方面，我本人也深有体会。我曾经挂过这样一个闲职，在某市青年企业家协会任名誉副会长兼创业导师。主要负责对那些有创业诉求的年轻人进行专业指导。

边界：语言越封闭，事物就越立体

曾经有一段时间，我几乎每周都要参加一个创业路演活动，为各路团队和各种项目问诊把脉，并给一些潜在的投资者提供一些专业性的建议。遗憾的是，在我亲身经历的数百个路演项目中，几乎没有一个创业团队的表现能够入我的法眼，让我产生哪怕一丝一毫的“专业”的感觉。这种“不专业”，集中地体现在一个方面，那就是他们的路演方式实在是太“开放”了，几乎看不到任何“封闭”的影子。

举个例子。每个创业团队的路数基本上都是这样的：最大的优势——产品或商业模式；最大的痛点——资金和代理商。换言之，他们的潜台词惊人的一致：我的产品非常好，商业模式也很先进，但苦于找不到资金和代理商，无法快速投入生产，并打开市场，所以才到这里做路演，希望得到投资商的帮助。问题在于，他们又是怎么证明自己，并试图说服投资商的呢？

大体上是这样一种路数：产品很先进，在市场上是一个空白。然后也做过详细的市场调研——某市有600多万人口，2000多个居民小区，每个居民小区平均有3000多人。只要自己的产品能够拿下10%的居民小区，就是60多万潜在消费者。产品单价是100元。只要每名消费者1年平均购买1次产品，就能收获6000多万元的销售额。产品的利润率在10%左右，这一年下来就是600万元的纯利润。因此，如果能得到1000万元左右的项目投资，那么基本上两三年的工夫就能全部收回，剩下的全是纯赚，绝对合算。

表面上看，他们的路演内容似乎还是"悠着说的"——只要10%的该市市民买他们的东西，只要每个人1年平均买1次……这几个"只要"的用法，似乎证明了他们爆棚的自信。问题在于，这几个"只要"可不简单，真正操作起来，可谓"难于上青天"——谁许诺给你们了，"只要"你们的产品上市，就会有"10%"的市民购买你们的东西，而且"1年至少买1次"？这是不折不扣的幻想。

他们也许认为，这几个"只要"是否能实现，完全在于他们能否找到投资商和代理商。"只要"他们能够搞到钱，找到代理商，他们就有充分的把握兑现这几个"只要"的承诺。问题是，这几个"只要"恰恰是投资商和代理商最关注的重点，说不明白这几个"只要"，人家不可能买你的账。或者说，不可能认为你的项目是一个成熟、靠谱的项目。这里面的因果逻辑，他们完全没搞明白。

因此说，这样的路演方式实在是过于“开放”，说了也等于没说，没有任何意义。因此也不可能打动潜在的投资者，更不可能有任何人愿意做你的代理商——你自己还没弄清楚自己是怎么回事儿，如何让我们代理你的产品，上你的贼船呢？那不是作死吗？

总之，在如此关键的路演场合，是万万不能采用开放式话术的，那只能是死路一条。如果你想有一线生机，必须让自己的话术封闭起来，越封闭越好。

具体地说，你需要这么做：尽最大努力，把你的第一位或第一批客户从哪里来说清楚，把你的第一个 100 元和第一个 10000 元怎么挣到手讲明白。

打个比方：第一批客户，也许是你的亲朋好友；然后将其逐渐扩展，先把自己居住的小区搞定，再把公司同事的小区搞定。这样一来，第一个 100 元以及第一个 10000 元怎么来，也便能说清楚了。

具体的做法，也许是亲自上门说服，送一批货让人家试用，或通过与小区的物业部门建立良好关系，通过他们的渠道为自己的产品做宣传，然后给他们一定的业绩提成……这些内容看起来好像挺琐碎、平凡，甚至挺无聊，可就是这些琐碎、平凡且无聊的细节，是至关重要的痛点，是潜在的投资商和代理商最为看重的地方，直接决定了路演的成败。这就是典型的封闭式话术。

越封闭，你的项目便越立体，越清晰，越令人信服，反之亦然。

要知道，搞事业不是请客吃饭，没有那么轻松、浪漫，真实的过程是极其枯燥无聊，乃至曲折残酷的。对人的意志力和行动力，甚至哲学价值观都会带来极为严肃，乃至严酷的考验。必须一步一步地走，一块砖、一块砖地垫，一个沟、一个坎儿地迈，一点一滴地积累，才能逐渐成形，逐渐成立，逐渐立住脚。所有这些远不是路演时放几张 PPT 的幻灯片就能轻松搞定的。

只要你能把这种真实感，这种现实感和临场感栩栩如生地呈现出来，路演成功的概率便会大为提高。因为潜在的投资者和代理商不但能从中看到你的行动套路，还能从中认识到你的心理建设程度，从而对你建立起强大的信心。毕竟创业艰难，仅有套路是不够的，你的心理状态和价值观也极为重要，甚至更重要，是人家真正关注的重点和痛点。显然，想做到所有这一切，只能依靠封闭式话术。

那位说了：我觉得你的意见不靠谱。我这本来就是一个年销售额 1000 万元的项目，你让我怎么封闭得起来，100 元、200 元地和人家算细账？

别着急。我知道你的关切所在。不过你的这种关切完全用错了地方。还是那句话，即便你的项目是个“大项目”，你也完全没必要把你的第一个 1000 万，甚至第一个 100 万怎么赚到手说清楚，因为你根本就无法说清楚。事实上，只要能把你的第一个 100 元，第一个 1000 元说明白，对方就已经能下结论了，已经能为你投资了。

这就是“封闭”的威力，也是“千里之行，始于足下”的道理——只要你能成功地迈出第一步，后面的路都好说。不过，绝大多数人都会死在这至关重要的“第一步”上。这就是事情的真相。尽管残酷，却无比真实。对这一点没有清醒的认识，说明你不适合搞事业，还是趁早放弃的好。

在这方面，还有一个比较极端也比较经典的例子。

开放式话术的使用，在服务行业，尤其是销售行业也极为普遍，让不少一线销售人员吃尽了苦头。

我们可以简单地想象一幅画面：当一个销售人员向一位顾客推荐某种商品的时候，他会怎么做？不出意料的话，十有八九他会这样做……对着顾客一通“狂轰滥炸”，恨不得将该商品身上的800个卖点一个不落地都介绍给对方，从而一举拿下顾客，迅速搞定买卖。

相信这样的场面你肯定不会感到陌生，无论是作为买方还是卖方。问题是，如果身为卖方的你，在生活中偶尔变身为买方的时候，你自己是否能够接受这样的“卖法”？

如果答案是否定的，那么请一定相信你自己的顾客也必然有同样的想法。

有人可能不大服气：你不是说要尽量采用封闭式话术吗？这就意味着不能光对顾客说“我的商品很好”，而是要将商品“到底好在哪里”具体地说给顾客听。对不对？越具体就越封闭，是不是？而我能把商品的800个卖点一个不落地全部介绍给顾客，岂不恰恰证明了我使用的是一种超级封闭式话术？这还不够具体？你还想让我封闭到哪儿去？

显然，这是销售行业非常典型的一种思维方式：既然我的商品卖点、优点这么多，那么一股脑儿全部倒给顾客，才是真正的“淋漓尽致”，真正的“封闭式”话术。

不过，事实却恰恰相反，你把自己的商品介绍得越详尽，越彻底，反而是一种超级开放式话术，会让顾客更抓瞎，更找不到北。

理由很简单：顾客不是专家，他接受不了如此庞大的信息量；即便接受了，也无法真正消化理解。**因此你提供的商品卖点越多，顾客反而会失去焦点，不知所措，不知道该如何做选择、做取舍，最后反**

倒有可能放弃购买。

这就是典型的画蛇添足之举。销售人员的行为非但没有帮助顾客拿主意、下决心，反而让顾客没了主意，无法做决定。

因此说，销售人员的口才好固然是一个优点，可是如何利用口才却是一门大学问。有的时候，说得太多等于没说，销售人员也要学会惜字如金的本事。不开口则已，一开口必须戳中顾客的痛点，这才是真正的高手所为。要做到这一点，必须掌握地道的封闭式话术。

焦点：话题越集中，痛点就越突出

那么，向顾客介绍商品的时候，如何才能让自己的话术彻底“封闭”起来呢？

答案其实很简单，四个字：少说多听。自己要闭嘴，先让顾客说，说个痛快。顾客说得越多，你所掌握的信息量也就越大。从海量信息中寻找顾客的真正需求所在，你才能有的放矢，提高销售的效率和成功率。

其实，顾客买或不买一件商品，原因往往很简单，常常只有那么一两点；可就是这一两点，是顾客最真实、最迫切的需求。只要你能重点满足这一两点需求，便足以促使顾客下决心、做决定。根本没必要画蛇添足，当着顾客的面把你的商品里里外外解剖个底儿掉。

总之，重点太多等于没有重点，焦点太多等于没有焦点。这就是“开放”与“封闭”的差别。

换言之，你给顾客提供大量信息是没有用的，要让顾客给你提供大量信息。然后从这些信息中归纳总结出一两个痛点，倾全力狠戳即可。这样就能自然而然地做到“封闭”。越封闭，焦点就越集中，痛点就越突出，你也越容易拿下客户，搞定买卖。就这么简单。

在中国的各类团队中，开放式话术的危害可谓无处不在。特别是在企业文化领域，开放式话术的使用几乎达到登峰造极的程度，真是贻害无穷。

举两个例子。

对许多有着雄心壮志的企业，尤其是高科技类初创企业来说，如何描绘企业的发展蓝图，是老板和员工之间的一种重要沟通方式。蓝图画得好，员工就会干劲百倍；蓝图画不好，员工就会得过且过混日子。这一点相信大家不难理解。

不过，这张蓝图到底应该怎么画呢？在现实世界中，大多数老板是这样做的：争做全国（或全世界）一流企业。现在问题来了：全国一流，是哪方面的一流？要在多长时间内做到？到底应该怎么做？

显然，这样的口号过于开放，员工完全不明所以。根本不可能拿出具体行动，将其付诸实践，冲着老板指引的目标努力。因为这个目标形同虚设，有也等于没有。可如果换一个方式，把它“封闭”起来，效果会怎么样？

比如说，在某技术领域，以某种数据为基准，在10年内要做到全国一流。为达此目的，3年内要做到全市一流，达成某个指标；5年内要做到全省一流，达成某个指标；10年内要做到全国一流，达成某个指标。这样一来，目标是不是清晰得多？节奏是不是明快得多？员工学有目标、干有方向，工作的激情和动力是不是强大得多？显然，在蓝图擘画方面，封闭式话术的效果要远胜开放式话术。

这一点，在企业文化的其他方面也一样。

比如说，“安全第一”“精益生产”的宣传口号在各团队中极为常见，可问题是哪一方面的“安全”、什么地方的“精益”，不说清楚等于没说。反之，哪怕琐碎一点，把细节说清楚，比如说“上岗时必须带上安全帽”或“严格遵循生产流程，将残次品归零”（如果可能，还可以更封闭一些，将哪一道流程更容易产生残次品重点突出出来），这样的表述方式则要高明得多，也有用得多。

另外，“今天不努力工作，明天努力找工作”之类的标语在团队中也是屡见不鲜，可是对员工来说却不痛不痒、形同虚设，没有任何激励效果。如果能更封闭一些，举个具体例子，比如说“张三半年前离职，到现在也没找到工作”，效果是否更好一些？

说到这里，想起一个小插曲。

我曾经在某家公司的墙上见过这样一行字：今天你努力工作了吗？

当时就有脊梁骨发凉的感觉。很奇怪，我并不是这家公司的员工，看到这行字却觉得肉皮子发紧，仿佛让人抽了一鞭子，不由得打起了精神。

显然，作为一个管理者，这行字抻着了我的某根神经，戳中了我的某个痛点。

现在想来，我的这种反应完全是因这句话的“封闭性”使然。如果当时墙上印的那行字不是“今天你努力工作了吗？”而是“今天不努力工作，明天努力找工作”的话，相信我的反应一定是不痛不痒、视而不见。

这就是“封闭”的神奇之处。

最后，用一个网上热传的“励志公式”做一个小结：

1.01 的 365 次方 =37.8；0.99 的 365 次方 =0.03。1 代表每一天的努力程度，1.01 代表每天多做 0.1，0.99 代表每天少做 0.1。

37.8 是 0.03 的多少倍呢？足足 1260 倍！换言之，每天多做或少做 0.1，一年后的成果差距将是惊人的 1260 倍！

你看，这种话术方式多封闭，多具震撼性！

这不比单纯宣传“每天都要进步一点点，你的人生会大不同哦！”效果好得多？

小结

你给顾客提供大量信息是没有用的，要让顾客给你提供大量信息。然后从这些信息中归纳总结出一两个痛点，倾全力狠戳即可。这样就能自然而然地做到“封闭”。

第三节　训练方法：掌握封闭式话术很简单

5W2H 是封闭的极致。搞定这 7 个要素，你就能成为封闭式话术的绝世高手。

说了这么多封闭式话术的好处，那么在日常工作和生活中，我们到底应该怎么做，才能掌握这种话术的技巧呢？有两种方法：1. 学会粘贴式提问法；2. 掌握 5W2H 法则。下面，就重点介绍一下这两种方法的操作细节。

方法 1：粘贴式提问法

我在前面举过的那个案例，也就是老板和总务部经理之间的对话，就比较典型。其中老板所用的话术，就是标准的粘贴式提问法：尽管经理的话术很开放，几乎完全没有重点，可老板却步步紧逼，跟剥洋葱一样一层一层地剥，倒逼着经理把自己的话术逐渐封闭起来，一直到将真正的重点和痛点完全说出为止。

在与他人的沟通过程中，用这样的方式训练自己，便比较容易掌握封闭式话术的技巧。

好消息是，正如我在前面提到的那样，这个世界上的多数人都有相当严重的“开放式话术”的毛病，都不大会把话往“封闭”里说，因此，你的训练机会很多，几乎信手拈来。

不过，在你这样做的时候，切忌过于咄咄逼人，更不要体现出一种居高临下的架势，否则会激怒你的沟通对手，那样就得不偿失了。

比如说，“你到底想说什么？”“你的重点在哪里？”“你到底想让我怎么样？”等，这种话术方式侵略性太强，容易激发对方的不快情绪，要尽量予以避免。

不妨换一种表达方式——“你刚才好像说到了……那我是不是可以这么理解……”“你的意思，是……吗？”“你说了这么多，是不是想……”通过这种推测式话术，逐渐缩小包围圈，一直到把对方的重点和痛点彻底“套”出来为止。

总之，在你的沟通对手支支吾吾，不知所云的时候，需要你去帮助对方提炼重点，这就是粘贴式提问法的要义所在。这种话术用惯了，你自己的话术技巧自然就会逐渐封闭起来。

方法 2：5W2H 法则

我们知道，这个世界上最封闭的话术，存在于新闻界。

就拿每天晚上央视一套的《新闻联播》来说，要在短短的 30 分钟内，把当天全世界发生的大事、要事全都说清楚、讲明白。如果其语言不封闭到一定程度，那是绝不可能做到的。

因此说，天底下所有的新闻记者，都是运用封闭式话术的真正高手。那么，他们到底是怎么做到这一点的呢？就是因为搞新闻的人，都经受过高强度的专业训练。其中最重要的训练方式，就是这个5W2H法则。那么，什么是5W2H法则呢？

5W2H，是7个英文单词的首字母。它们分别是：what（什么）、who（谁）、where（哪里）、why（为什么）、when（什么时候）、how（怎么样）、how many(much)（多少，数量或金额）。

怎么样？看看这7个英文单词，是不是一种超级封闭的感觉扑面而来？

没错，只要你锁定了这7个要素，所有的重点、焦点和痛点都会水落石出，没有藏身之地。所以说5W2H是封闭的极致。搞定这几个要素，你就能成为封闭式话术的绝世高手。

顺便说一句，并不是所有的沟通都需要将这7个要素全部端出来。不过，至少在理论上，你涉及的要素越多，话术就越封闭，效果也就越好。

就拿前面提到的那个老板和总务经理之间的对话来说，老板就是一个“粘贴式提问法”的高手，不断地用5W2H法追问下属，直到对方彻底说出真正的重点为止。

具体地说，what——需要的东西是什么？复印机和扫描仪；who——谁需要？员工；where——哪个部门需要？总务部；why——为什么需要？因为感到工作不方便；when——什么时候需要？现在（如条件不许可，扫描仪可适当延后）；how many——需要多少台设备？复印机和扫描仪各一台；how much——什么价钱？复印机3000多元，扫描仪2000多元；how——怎样实现？先搞定复印机，扫描仪缓缓再说。

你看，这么理一遍，这场沟通的重点是多么的清楚，多么的明白！

试想，如果那位总务部经理在和老板对话时，能够一开始便采用这种话术方式，老板得省多大的心啊！对老板来说，拥有这样的下属，是多么幸福的事儿！

不夸张地说，如果你和你的小伙伴们在所有沟通中都能有意识地模仿这样的沟通方式，你们的沟通效率何止是成倍提高！

沟通效率提高了，天底下还有什么难办的事呢？

现在想起来，之所以团队中的许多会议极其无聊，极没效率，一个重要的原因，恐怕就在于与会者的话术大多是开放型的，完全封闭不起来，难怪会效率低下、形同虚设；也难怪许多老板会在会上大发雷霆，责令下属“捞干的说”。这所谓的“干货”，指的就是5W2H。既然如此，为什么不从现在开始，便刻意加强这方面的训练呢？

沟通成了，团队就成了。对于一个团队而言，没有什么比沟通更重要的事。只要能够搞定沟通，你的团队在凝聚力和执行力方面，甚至是企业文化建设方面，肯定错不了。

粘贴式提问法和5W2H法则也可以广泛应用于销售领域，其促进成交的效果也相当理想。

举一个案例。

一般来说，在金额较高、事关重大的商品购买方面，消费者常常会表现得比较犹豫，往往会用“我回去和家里人再商量商量”来搪塞销售人员。显然，“和家里人商量商量”是一种异常开放的话术方式，完全没有任何重点。那么，这个时候销售人员应该采用什么样的应对方法来锁定消费者，提升成交的概率呢？

以下是两段对话的实例，让我们看看是否能从中得到一些有益的启示。

这是两位推销保险的业务员小张和小李与顾客之间的对话。两位业务员推销的都是面向儿童的终身保险产品。

先来看看小张的表现。

顾客：基本上该了解的都了解得差不多了。这样，我回去和家里人再商量一下，过两天给你回电话！

张：好的，那就这样。希望能得到您的好消息！

顾客：那我就先回去了，等我电话吧！

张：好的，期待您的好消息。再见！

再来看看小李的表现。

顾客：基本上该了解的都了解得差不多了。这样，我回去和家里人再商量一下，过两天给你回电话！

李：好的，这么大的事儿是应该和家里人好好商量一下！不过，是否方便问一下，您回去后准备和哪位家庭成员商量一下呢？是夫人吗？

顾客：不是，我主要是想和我丈母娘商量。

李：哦，和您的岳母大人商量，那您的岳母一定是保险方面的行家喽？

顾客：嗯，谈不上是行家。只不过她老人家从小身体便不大好。那个时候也没有什么保险业务，让她这一辈子花了不少冤枉钱。买药的钱都够买房了。因此她特看重买保险的事儿，不想让自己的外孙也走她当年的老路。

李：哦，是这样……我特能理解她老人家的心情。换了是我，也得替小辈儿着急。这么说来，她还是更看重保险商品在医疗方面的作用喽？

顾客：嗯，也不能完全这么说。毕竟现在养个孩子不容易，挑费太大。将来孩子上学，天价学区房不说，这学费负担肯定也轻不了。所以她也特别在乎孩子上学的事儿……

李：哦，是这样。明白了。那不妨考虑一下我们的B产品吧。和刚才我跟您介绍的A产品相比，B产品虽然在医疗保障方面弱一些，可在教育保障方面的效果那绝对是杠杠的！肯定让您吃不了亏！

顾客：我听说过你们的B产品，确实不错。可是……

李：可是什么？

顾客：我丈母娘现在退休了，每个月的退休金只有2000多元。尽管也够花，却谈不上宽裕。她想让自己的外孙将来的生活能有点富余，不至于那么紧巴……

李：明白了。这样，我们这儿还有一款C产品。在医疗、教育和理财三个方面都有不错的保障效果。如果我没记错，您说过希望总预算能够控制在多少钱之内，我们这款产品保费虽然高一点，稍微超出了您的预算，可每年多出来的费用只有不到2000元，合着每个月就多花100多元，也就是去超市随便买点东西的钱。不过性价比却高了不少，到期后您的总收益能多出几十万呢！我给您介绍一下怎么样？

顾客：是吗？那太好了，你赶紧跟我说说！

李：好的，是这样啊，我们这款产品的具体内容是……

顾客：明白了。我也觉得这个C产品不错。这样，我回去跟丈母娘大人汇报一下，过两天给你结果。

李：方便问一下什么时候您能给我最终结果吗？

顾客：嗯，这周比较忙。下周行吗？

李：当然没问题。能不能告诉我，下周几您有时间打电话？

顾客：周三。周三行吗？

李：当然行。那就下周三等您电话！如果您不方便，下周三我给您去电话也行！

顾客：那就这么着了！下周三见！

李：下周三见！

……

怎么样？这两段对话，你有什么看法？觉得哪一个业务员技高一筹？

这还用说，当然是小李！

小张的问题在于，顾客的话术“开放”，他的话术比顾客还“开放”。当顾客说“回去和家里人商量一下”时，他的反应简单明快：成，那我就等你的好消息了！

这么一来，他在前面辛辛苦苦做的铺垫，很有可能全打水漂。顾客回家之后，再重新找回来的概率是极低的，几乎可以忽略不计。理由很简单。因为“开放”对“开放”，等于两个人什么都没说，说了也等于没说，因为完全没有重点。既然没重点，人家怎么可能对你的商品满意，怎么可能回来找你？那不是有病吗？

小李则不同。他敏锐地意识到了顾客采用开放式话术背后的起因，所以没有轻易地放过机会，而是果断地“留”住了顾客，通过粘贴式提问法和5W2H法则步步紧逼、层层推进，最后终于成功地“套”出对方的痛点，极大地提高了成交的概率。

可以很明显感觉出来，顾客刚开始的表现犹犹豫豫，最后却是神清气爽。这完全是小李的高超话术技巧使然。

只要他能坚持这样的做法，即便顾客在请示丈母娘之后没有选择他提供的 C 方案，估计八成最终也会从他那里买走其他的保险产品。

这就是差距。

小李的话术还有一个突出的优点，那就是即便他在与顾客的对话过程中，全程使用了粘贴式提问法和 5W2H 法则，却并没有表现出咄咄逼人的感觉，自始至终身段都很柔软，让顾客能相对轻松地跟着他的节奏走，直至达成最终目的。

这一点也值得我们多多学习。

总之，粘贴式提问法和 5W2H 法则是一套组合拳，两者互为因果、相辅相成。只要你能在日常工作和生活中有意识地进行这两方面的训练，假以时日必然会成为“和新闻记者有一拼”的封闭式话术使用高手。

需要特别强调的是，这样的训练必须是刻意的、有意识的，无意识的行为则效果不佳。

为什么这么说呢？

因为只有有意识的训练，才能形成真正的沉淀、真实的积累。积少成多，就能量变产生质变；而无意识的行为则做不到这一点。因为在无意识或下意识的状态下，即使偶尔也能试上一把，却不会有什么实际用处。过去了就过去了，留不下一点痕迹。没有积累，就不能产生质变，无法让你拥有真实的技能。

因此只有刻意训练，才能让你真正修成正果。为达此目的，不妨以公司的名义，将此类训练活动用制度的形式确定下来，在全公司范围内掀起一场轰轰烈烈的“大练兵”。

所谓“磨刀不误砍柴工”。无须吝啬这样的付出。还是那句话：沟通成了，企业就成了。无论是为了企业的眼前业绩，还是其长远发展，这样的付出绝对都是值得的。

小结

粘贴式提问法和5W2H法则是一套组合拳，两者互为因果、相辅相成。

第六章

沟通的维度：如何综合性地利用各种沟通形式

第一节　沟通的空间：越懂共情，越善于突破距离感

无论你喜不喜欢、愿不愿意，搞定环境（物理环境）、建设环境（心理环境），都是沟通正式开始前必须要做的功课。

如果把沟通比喻为一场博弈，那么决定这场博弈胜负的，除了语言的技巧（话术）之外，环境的影响也不可小觑。

沟通的环境大体上可分为两种：物理环境和心理环境。前者对后者会产生深刻的影响，后者则直接决定了沟通的过程是否顺利，沟通的结果是否理想。换言之，对沟通来说，物理环境的影响至关重要。

举个简单的例子。公司里最神秘、最“高大上”的地方是哪里？

主客场：沟通的物理环境

没错，是老板的办公室。一般来说，老板的办公室都会给人一种“深宅大院”的感觉：它们往往会处于办公楼里最偏僻的位置，曲径幽深，人迹罕至；明明办公室的面积很大，老板的办公桌却偏偏放在

最边儿上的角落里。推门进去，你会发现和老板之间的距离至少有 10 米远。这一片宽阔的空间显得空荡荡的，让人心里没着没落，一个劲儿地发瘆；这还不算完，更要命的是，所谓的“老板桌”往往是黑色的，而且尺寸极大，常常能有两米来宽、三四米长。老板端坐在桌子后面，那种距离感和威慑力不是语言能够轻易形容的。

这就是典型的物理环境。身处这种环境当中，纵使你的心中有千言万语不吐不快，恐怕也会瞬间犯怵，将一肚子的话咽回去，不再敢说，或者不知该从何说起。

这就是物理环境影响心理环境，心理环境影响沟通效果的典型案例。

其实，即便不搞得这么复杂，仅仅门框上的一个标识牌——“董事长办公室”，就足以让多数人瞬间缴械。这也是一种物理环境影响心理环境的场面。更有甚者，恐怕不用看这个标识牌，仅仅是意识到对方的身份（董事长），你的那些勇气和一肚子的话，恐怕都会自行消失大半。

可见，无论你喜不喜欢、愿不愿意，按照共情原则搞定环境（物理环境）、建设环境（心理环境），都是沟通正式开始前必须要做的功课。特别是针对那些敏感而艰难的话题，这一点便显得格外重要。

对老板来说，如果你想体恤民情、搜罗信息，和自己的下属员工交心，那么尽量走出办公室，“深入民间”将是不可或缺的操作手段；反之，如果你想颁布命令，强制执行或者杀一儆百，以儆效尤，那么把这些事放在办公室里操作，效果要好得多。

对下属员工来说，则完全相反。如果你想跟老板谈一件严肃的事儿，一个敏感的话题（比如说希望老板给你加薪），那么尽量不要在老板的办公室里聊，要想方设法把老板从办公室里“引”出来，引到一个你自己能够控制、完全熟悉的环境里办这个事儿，常常会事半功倍。这里面有一点“主客场”的意思，越是关键的“战役”，越要在“主场”进行，反之亦然。否则几无胜算，还是以暂时放弃为妙。

熟悉的陌生人：沟通的心理环境

那么接下来，我们就针对沟通中的“物理环境”和“心理环境”，详细地分析一下。

让我们来聊聊人与人之间的“物理距离”和“心理距离”。

在我们评价人与人之间的关系时，常常喜欢用“近”或“远”这类表示距离的字眼。“张三和李四走得很近”“王五是赵六的远房亲戚”，基本上仅凭一个“近”或一个“远”字，我们就能立刻明白这些人之间到底是什么关系。

这就意味着，在现实生活中人们之间的关系在很大程度上被人们之间的距离所左右。这样的距离通常包含了两个方面：“物理距离”和“心理距离”。

打个比方。如果是闺蜜或发小，哪怕是“男闺蜜”，就算对方和你勾肩搭背甚至耳鬓厮磨你也不会觉得别扭；反之，如果对方仅仅是个上门送餐的外卖小哥，那么即使对方只是拍拍你的肩膀或凑到你的耳边说句话都会让你感到浑身不自在。

显然，上述两个案例之间存在着巨大的区别。

这个区别就是：在前面的案例中，涉事双方的“心理距离”很近，所以能够轻松地接受，甚至是享受极近的“物理距离”；与之相反，在后面的案例中，涉事双方的“心理距离”很远，所以，如果在这种情况下贸然拉近彼此之间的“物理距离”，就会激起当事人极大的反感甚至是戒心。

不过，一个非常诡异的现象是：如果你能在对方毫无察觉的情况下神不知鬼不觉地拉近与对方之间的“物理距离”，那么，你们之间的“心理距离”也会立刻被拉近，从而使对方在一瞬间缓和对你的戒心。

就拿前面那个外卖小哥的例子来说，假设为你送餐的小伙子旁边还跟着他的上司，而这个小伙趁上司不注意的时候迅速凑到你的耳边小声地对你说：“我刚才偷偷给你优惠了两元钱，我们头儿不知道这事儿，你可千万别声张！”你会作何反应？

不出意料的话，你会立刻对这个外卖小哥产生好感。而这个好感不仅仅是因为他给你优惠了两元钱，更重要的是他以不让你讨厌的方式极其自然地拉近了与你之间的“物理距离”，从而令你对他产生了一种莫名的亲切感。

我们可以用一句话概括一下这个有趣的心理学现象：只要你能想方设法拉近与某个陌生人之间的“物理距离”，就会让他产生你们之间的“心理距离也很近”的错觉。记住，是“错觉”。这两个字很重要。明白这两个字的奥秘，将极大地影响你的沟通过程以及结果。

曾经有位外国学者做过一个有趣的实验。**他得出一个结论：如果希望在较短的时间内拉近与某个人之间的“心理距离”，那么，你们之间的“物理距离”一定不可以超过120厘米。**换言之，只有将彼此的“物理距离”控制在120厘米之内，两个人之间才有可能产生真正的亲密感。

特别需要强调的一点是，别说陌生人，即使是熟人，也并不必然意味着你们之间的心理距离已经很接近了。

这就是生活中非常典型的“熟悉的陌生人”现象。

比如说，你和部门经理之间，或者和老板之间，彼此熟悉不熟悉？够熟悉了吧！可是你是否敢对他们做出某种亲密的举动？比如说勾肩搭背，或者开一个略微过分的玩笑？

恐怕你不敢。为什么会这样？大家不是已经很熟悉、很亲密了吗？为什么还会这么一本正经、这么不敢造次呢？

理由很简单：你们之间的心理距离很远，从而决定了物理距离不可能很近；同理，你们之间的物理距离很远，从而决定了心理距离不可能很近。

因此，你们虽然看似彼此之间很熟悉，其实却是两个不折不扣的陌生人。而这种“陌生人”的身份，会对你们之间任何一种形式的沟通，围绕任何一个话题的沟通都带来莫大的影响。在多数情况下，这种影响往往是负面的，常常会导致沟通的过程不顺利，沟通的结果不太理想。

诚然，上司与下属之间存在着名分和立场的差异，这种差异会造成天然的屏障，亦即“物理距离”。这样的物理距离不能说一无是处，没必要除之而后快。毕竟“没有规矩不成方圆”，适当的距离感有利于“规矩”的形成和遵守。不过，当某个敏感、艰难却重要的沟通议题发生时，作为沟通的发起方，无论他是上司还是下属，一定要想方设法至少暂时打破这种距离感，以便让沟通得以顺利进行。

不过，距离感的“打破”最好是暂时的，可以偶尔为之，不要频繁使用，否则有可能产生反效果。对上司而言，这样做会使其失去权威，沦为人人可欺的“老好人”；对普通员工来说，这样做会让自己弃守做人的底线，从而失去同事对自己起码的尊重和敬畏感。

那么，在日常沟通中，应该如何打破这种距离感呢？

答案只有一个：把你与沟通对象之间的物理距离缩短到120厘米之内。只要你能做到这一点，你们之间的心理距离也会被瞬间拉近。这样一来，原本一些不好说的话，也便相对好张口说了。

当然，这样做不容易。人人都有自己的所谓“舒适空间”，这是一个纯私人的空间，不允许他人轻易地破门而入。别说同事之间，即便是亲子之间这样的私人空间都非常神圣，容不得你表现出一丁点的不尊重。

因此，进入他人“舒适空间”的方法一定要巧妙、圆滑，要尽量在对方不经意之间，以非常自然的方式进入。这需要好好地下一番功夫、做一番功课。

举几个例子。

比如说，给对方递一根烟、倒一杯茶，不仅能在行为上讨好对方，也极其自然地拉近了自己和对方之间的物理距离；

再比如说，如果对方眼睛里进了沙子，帮对方揉一揉、吹一吹，也能起到同样的功效；

另外还有，当对方感觉冷时，脱下自己的外套披在他身上——这样一种自然而然的身体接触，非但不会引起对方的不适，还会让他倍感温暖。

类似的例子还有很多：比如说饭局上帮他斟酒、夹菜；**在对方疲劳的时候，给他做一个颈部按摩**；对方手里拎了太多东西时，主动伸手帮他一把……

相信没有人会对这些生活中的小细节感到陌生。问题在于，多数人都没有参透藏在这些小细节背后的心理学奥秘。一般来说，人们会本能地认为上述行为意味着某个人人品不错——“助人为乐”“会来事儿”“有眼力见儿”“会做人”，总之，是一种招人喜欢、令人愉悦的感觉；殊不知人们之所以会产生这种感觉，其实理由异常简单，那就是所有这些行为都有一个鲜明的共同点：人和人之间的物理距离被拉近了，而且整个过程流畅自然、没有任何的牵强。

可见，只要你能做到“自然地缩短物理距离”，你就能轻易成为一个被喜欢、受欢迎的人。

不信你就回忆一下，在你人生当中曾经遇到过的所有“万能交（特别善于交际，拥有超级好人缘，朋友遍天下）”级别的人物，是不是都具备这个特点？

归根结底，这个事儿和“共情”有关。

经常有人问：“共情”是什么？光心里想着对方就行了吗？当然不是，除了想着对方，还要把这种想法诉诸具体行动。这才叫“共情”。当然，共情是需要锻炼的，在日常生活中锻炼。这就需要你具备强大的洞察力和敏捷的反应力，也就是我们常说的“有眼力见儿”“会来事儿”“眼里有活儿”。

共情锻炼的具体操作方法，就是随时随地发现或创造机会，去拉近自己与他人之间的物理距离。

让我们想想自己当年谈恋爱时的场景。我向来认为，其实生活中最能体现共情的地方，就是男女之间的恋爱关系。

追求一个心仪的男孩或女孩，“想方设法拉近与他（她）之间的物理距离”，找个机会牵个手，搂个腰，是最起码的恋爱常识。因此你会不停地观察，绞尽脑汁地寻找机会。比如说过马路时，装出一副为对方安全着想的样子牵她的手，这样就会显得很自然，不会让彼此尴尬；再比如说，请她看一场恐怖电影，然后在她受到惊吓时拥她入怀，也会显得理所当然，没有丝毫的牵强……这都是非常生动的例子。

然后，在你们之间的物理距离被缩短之后，会发生什么？

答案是秃子头上的虱子，明摆着的——你们之间的关系会一日千里、迅速升温，所有的陌生感将烟消云散，你们会成为一对耳鬓厮磨、无话不谈的小情人。

这就是经典的“物理距离的自然消弭”与“懂共情”之间的关系。

遗憾的是，绝大多数人虽然道理都懂，而且在某些情况下也能将其付诸实施，比如说对待自己的恋人和亲人时，能够展示自己“懂共情”的一面，但是偏偏走向社会之后，面对上司、下属、同事、客户乃至陌生人时，却把共情两个字忘到九霄云外了。

然后，还要刻意回一次炉，去学习一下“共情是什么”以及“怎么运用共情”。

殊不知这个事原本没那么复杂，只要你能想想当初是怎么追你媳妇儿的，就能迅速明白共情是怎么回事，关键要看你的脑子和身体能不能转过这道弯。

只要你能把所有人，包括陌生人都当成当初那个令你心仪的男孩或女孩，你便可以瞬间绕过“共情锻炼”这一环，瞬间获得共情沟通的能力。

当然，转不过这道弯儿也没关系。共情的刻意训练也可以收到很好的效果。只不过，既然是刻意训练，这一过程就必须贯穿于你的日常工作以及生活中的每时每刻，不可以有丝毫的懈怠。

只要你能做到这一点，其实与任何人之间的沟通对你而言都不再是一件难事。一来你与对方的物理和心理距离已经被拉近，良好的沟通环境已经成形；二来你的共情能力和好人缘会有力地帮到你，让对方在沟通开始前便已经欠下你的人情，剩下的就只有“还人情债”

了。当你把事情运作到这种程度的时候，还用发愁有什么敏感话题会谈不成吗？

关于共情，以及人与人之间物理和心理距离的问题，还有一点要特别强调一下，那就是“语言”与“身体语言”的把控，也必须引起我们的高度重视。

因为语言和身体语言，会给我们的人际关系水平带来影响，而且是非常严重的影响。

具体地说，在这两个方面表现得越开放，越随意，人际关系水平就会越高；反之，表现得越保守，越严肃，人际关系水平就会越低。显然，前者将极大地有利于你的沟通过程，后者则截然相反，会让你的沟通过程频繁遇阻，充满曲折。

先来说一说“语言”。

语言的使用方式本身就是一种物理距离的体现，当然也能影响到人与人之间的心理距离。

比方说，一个说话时总爱使用敬语，异常注重礼貌与规矩，不敢越雷池半步的人，与他人之间的物理和心理距离必然会比较远，不容易建立起较为亲密的关系，在针对敏感话题与他人进行沟通时，也不容易收获比较理想的过程和结果；反之亦然。

因此，我们可以看到，美国人的人际关系往往显得异常亲密，沟通起来也非常自然；而日本人则恰恰相反。日本人不太容易与他人建立亲密关系，也非常不善于沟通之道。

为什么会这样？

一个很大的原因就在于这两个国家的语言风格截然不同。

美国人喜欢用“俚语”“俗语”，而日本人则喜欢用“敬语”。我们可以很容易地想象，到底哪一种语言风格会给人们带来真正的亲密感。

这就很容易解释为什么生活当中，往往“幽默的人”更受欢迎。表面上看，好像是因为幽默能给人带来快乐；究其本质，其实是因为幽默能够缩短人们之间的物理和心理距离。因为幽默的语言大多是“俚语”和“俗语”，即便是“敬语”，也往往具有某种反讽的意味。

身体语言也一样。而且身体语言与语言之间往往有着极其密切的关系。

具体地说，习惯于“俚语”与“俗语”的人，身体语言会更随意、更开放；而习惯于“敬语”的人则相反，身体语言会显得很保守，很内敛。

我们可以很容易地想象一幅画面：前者的坐姿一定是“塌”着的——身体斜靠在椅子里，两臂摊开，跷着二郎腿；后者的坐姿则一定是“绷”着的——上身直挺，只有半个屁股落座，两腿并拢，双手规规矩矩地放在大腿上。

两者的着装也会大为不同：前者八成会是一套休闲服，后者则几乎肯定是一身笔挺的西装。

显然，前者的热情奔放会让人放松，后者的冷漠拘谨则会让人紧张。而这两种截然不同的状态，恰恰是美国人和日本人留给世人最鲜明、最强烈的印象。

相信这个案例，会给我们带来不少有益的灵感和启发。

当然，如果你就是一个比较木讷、比较拘谨、比较严肃的人，也并不意味着在沟通方面无药可救。恰恰相反，你的木讷和拘谨，有时也许是一个优势。

举个简单的例子，一个天天说笑话的人，他开再多的玩笑也不会让大家觉得特别好笑，因为毕竟听惯了；反之，一个平时不苟言笑的人，偶尔说个荤笑话，则往往会给周围带去惊喜：啊？她还会开这种玩笑？怎么可能？

人们会有这种反应很自然：一个公认的“不食人间烟火”的人，忽然之间“重返人间”，这种转变的冲击力是很大的。

如果能巧妙地利用这种冲击力，你与他人之间的物理和心理距离便会成倍地缩短，效果出奇地好。

身体语言也一样。一个平时西装革履，连走路时的步态都一板一眼、不容丝毫闪失的老板，偶尔能穿条牛仔裤，在下属面前跳迪斯科，那效果也绝对没得说。

不过，还是那句话，自然。你的这种“突变”一定要自然，不可有丝毫的牵强与刻意，否则就会适得其反，让所有人都感到尴尬、难堪。另外，这种转变偶尔为之即可，养成习惯则未必是好事。那将从根本上改变你的性格和行为属性，也将从根本上改变他人对你的看法。这样的改变有些会带来好效果，有些则未必。有可能彻底毁了你费尽心机才建立起来的“人设（角色设定）”，给你带来许多不必要的烦恼和困扰。

小结

语言和身体语言的使用方式本身就是一种物理距离的体现，当然也能影响到人与人之间的心理距离。

第二节　表情：不仅要懂察言观色，还要学会主动运用

在沟通当中，“面部表情”这个因素对你的影响很大，几乎你所有的招数都会不同程度地受到对方面部表情的影响。

也许出乎多数人的意料，人们在沟通时的面部表情，也能对沟通的过程和结果产生巨大的影响。

底牌：通过表情掌控沟通的节奏

可以简单地想象一下：当你针对一个敏感话题和某个人沟通时，是否会下意识地观察对方的表情？然后再根据对方的表情，决定自己下一步的行动——是该继续说下去，还是最好适可而止；是该继续进攻，还是该着手准备防守；是该进一步强化语气，还是该尽量和缓一些？

又或者，你是否会根据对方的面部表情，对这次沟通的结果有个大概的预期——是以彼此妥协收场，还是可以单独大获全胜？

如果你的回答是肯定的，那就说明在沟通当中，“面部表情”这

个因素对你的影响很大，几乎你所有的数招都会不同程度地受到对方面部表情的影响。

如果你这么想，那么对方一定也会这么想。换言之，你的表情也一定会极大地影响对方的出招方式以及他对整个沟通过程及结果的大致预期。

遗憾的是，即便人的面部表情对沟通的影响如此之深刻、如此之广泛，人们在沟通时却很少注意“刻意”把控自己的表情，使其为自己的沟通目的服务；而仅仅做到了“下意识”地关注对方的表情。

这就会让你的沟通过程相对被动，被对方的表情牵着走，很难找到自己的节奏。

不过，好消息是：正因为人们在沟通中的表情往往是在下意识中做出的，完全没有任何刻意，属于“纯天然”“纯自发”，所以通过表情管理来掌控沟通的主动权反而会更加容易。关键在于你是否能清醒地意识到这一点。

理由很简单：俗话说“眼睛是心灵的窗户”，表情这个东西最能表露一个人的心思，将他的“牌”不断地泄露给你。这个时候，只要你能有意识地进行表情管理，那么你们之间的沟通便会瞬间出现一种致命的不对称性——你可以充分掌握对方的牌，而对方对你的牌却一无所知，甚至有可能被误导。

在这种情况下，主动权的归属、节奏的把控以及最后的结果到底会对谁有利，也便一目了然了。

举一个真实的例子。

我的朋友小张是个售楼小姐，前一阵儿给我说了这么一件事。

王姐是她的老相识，前一阵儿在她手里买了一套房，全款，一次性付清。具体位置是14楼，1401号房间。因为数字上的避讳，再加上是老关系，所以这套房小张给了对方不小的折扣优惠。本来合同也签了，房子也买了，事儿已经结束了，可没想到几天后王姐又来找她，死活要换房，想把14楼的房子退掉，换成楼下的1314号房。

她找了一大堆的理由：说14楼的房子采光不好、通风不良、隔音不佳、卫生间太小、临着街太吵，等等。总之是“没法住人”，只能换房。

有趣的是，为了能获得和14楼相同的价格优惠，王姐又把1314号房也数落了一遍：采光还不如楼上，通风和隔音情况也不怎么样；由于位置太偏，有一间小卧室居然有一面墙是斜着的，让整间房子呈梯形状态，家具不好摆放，等等。唯一比14楼强的，是这套房子没有临街，噪音比较小，让她比较满意。

整个沟通过程中，王姐都小心翼翼地回避了“不吉利的数字”这个话题，因为她知道14楼之所以能有优惠，就是和这个数字的属性有关；所以她竭尽全力地想把话题从这里引开，尽量让小张认为她想换房完全是“数字以外的原因”。

不过，经验丰富的小张也不是吃素的主儿。王姐刚张口，她基本上就知道了对方真实的心思——作为一个对“风水”“运势”这些东西异常在意、异常敏感的中年妇女，王姐不可能对“14”这个数字完全无感。当初之所以买下这套房，完全是看在“钱”的份儿上。可是即便在钱上占了便宜，心里还是有些别扭、不踏实。另外，随着时间的流逝，这种纠结的心理也会越来越强烈——本来嘛，钱只是一时的，而房子则是一世的，是要住一辈子的地方。一辈子和一个不吉利的数字打交道，那是一件多么憋屈的事！

想到这儿，王姐终于坐不住了，于是乎找到小张这里，希望能有翻盘的机会——而这一点，尽管王姐刻意掩饰，小张心里却门儿清。

不止如此，从头到尾，即便王姐对数字的事儿异常敏感、尽量回避，可每当两个人不经意间提到这两个门牌号的时候，王姐脸上的表情都会发生微妙的变化；而这种变化当然逃不过小张的眼睛。

知道了王姐的底牌，小张便显得极为镇定、放松。她并没有直接拆穿王姐的心机，反而顺着王姐的话继续往下聊，不停地扯着“采光”“通风”“隔音”之类的话题；重点是，说这些话时小张的面部表情显得极其认真、投入，让王姐想抽身出来都难。由于这些话题根本就不是王姐真正的关注点所在，所以没聊多久她便露出了疲态，显得有些不耐烦。

小张抓住时机扯开了话题，开始聊王姐儿子的事情。她知道，王姐有个独生子在美国留学，不久之后将学成回国。她相信这个话题一定会激起王姐极大的兴趣。果不其然，一聊起自己的宝贝儿子，王姐顿时来了精神，开始不停地列数儿子的优点和“战绩”：如何聪明，如何能干；学习成绩有多优秀，老师同学怎么怎么夸；拿了多少奖学金，得了多少大奖状，等等。总之就是“儿子天下第一”“老娘与有荣焉”。

聊着聊着，就聊到了孩子的归宿问题。果然，王姐在小张手里买的这套房子，是打算留给儿子做婚房用的。难怪她会那么上心、那么纠结。

既然把话说到这儿了，小张便借势捅破了这层窗户纸：其实您有所不知，您看上的这套13楼的房子，有些不太吉利。

王姐倍感诧异，茫然地问道：为什么？

小张认真地道：照理这个话我不该讲，毕竟我是这儿的员工。可您是我的老朋友、老关系，我又不能瞒着您。是这样的，要是按照中国人的习惯，1314是个好数字，预示着“一生一世”，对吧！

王姐点了点头，装作一副“才知道”的样子；其实这正是她心中所想，她已经心心念念好几天了。

这种微妙的表情没有骗过小张的眼睛，而小张也依然装作对此浑然不知，继续往下说：如果是中国人，“1314”代表着“一生一世”是说得通的，这玩意儿确实是大吉大利；可如果是外国人，或者有外国背景的中国人，事情就不是这样了。您可能不知道，“13”这个数字，在西方是不吉利的。更要命的是，这个东西一旦带上中国的文化背景，就更不吉利。“1314”就等于“一生一世不吉利”。特别是对您儿子这样的“海归”来说，一方面有中国文化背景，一方面又有西方的文化背景。这样的人住在“一生一世不吉利”的房子里，而且还是婚房，您真的觉得好吗？

一席话把王姐给说愣了，喃喃自语道：还有这么一回事！我怎么就没想到呢……

小张接着“补刀”：其实啊，如果您儿子没有出过国，就是在国内上的学，在国内毕业，然后结婚生子，这个“1314，一生一世”确实挺好的。可谁叫您的儿子是“海归”呢！而且还是那么优秀的“海归”。这么优秀的一个归国人才，要是住在一个不太吉利的房子里，那真是可惜了。

王姐涨红着脸，低着头不说话了。

小张不改一脸认真、严肃的表情，继续说道：对您儿子来说，其实14楼的房子反而没什么事，因为西方人对这个数字没有什么忌讳，和我们中国人不太一样。既然您的儿子有留学的背景，这一条对您的儿子就不适用了，所以您完全没必要担心。

听到这里，王姐的脸色明显好转，下意识地点头：对，对……我怎么就没想到这一条呢？

最后，小张收起严肃的表情，跟王姐开了个玩笑：我现在有点后悔了，当初不应该那么痛快地把房子卖给您，还给您打了那么大一个折扣。我当时就该好好问问您这房子到底准备给谁用，要是知道这套房子是留给您那“海归”儿子住的，就不该给您这么大的优惠。因为犯不着嘛！您儿子不符合我们的优惠条件！要不，咱们现在再改改合同，您再多交点钱，把差价补上？

这下轮到王姐紧张了，忙不迭地道：那儿哪儿行啊！合同签了就有法律效力了，受法律保护，哪儿能说改就改呀！

“您看，您也知道这个理儿不是？那您刚才一个劲儿地催我换房，改合同，不也是为难我吗？而且也有违法的嫌疑！”小张又一次打趣道。

两人的沟通在几句说笑当中圆满结束。

小张这个案例很有代表性。从头到尾，双方在“表情管理”方面的差异都对沟通的过程、节奏以及最后的结果产生了极大的影响。

记住，你的“牌”和你的表情永远是一对一的关系。你想出什么牌，就做什么表情。无论这张牌是真是假。

常言道：察言观色。这句话既对“察”和“观”的人有用，也对

“被察”和“被观”的人有用。如果你承认“察言观色”对于沟通的重要性，就请从今天开始在沟通中关注、管住自己的表情。

说到“表情”，就必须要提到“眼睛”。

眼神：如何充分利用“心灵的窗户”

俗话说“眼睛是心灵的窗户”。这扇“窗户”你自己有，你的沟通对手也有。因此，如何利用好这扇“窗户”，让它能够更好地为你的沟通目标服务，对提升沟通技能来说也是一项重要课题。

换言之，想要有一个无论形式上还是内容上都比较完美的沟通，你就必须学会灵活地、恰如其分地使用自己的眼神，让眼神为你的沟通加分；而为了做到这一点，你必须在日常生活与工作中刻意训练自己的眼神。

举个简单的例子。

比如说，你正在给你的上司反映一个工作流程方面的问题，你很认真，因为这个事儿对你真的很重要，所以你的态度很诚恳、很急切，将问题描述得具体而细致，期待你的上司能给你一个满意的反馈；而这时你却沮丧地发现，你的上司不时地东张西望，眼神游移不定，似乎注意力完全不在你的身上。

相信你的第一反应肯定是：这家伙一定没有好好听我说话，心里没准儿想着什么事儿呢！

不过，你很有可能误解了你的上司，因为你说的话他也许真听进去了，而且记得还挺牢。不信你就让他复述一遍，说不定人家能一字不差地把你刚才说的话再说一遍给你听。不过，这不是重点。由于对方是你的上司，你不大可能让人家复述你的话，所以你依然会坚信他“没有听进去”或“根本没有听”。之所以你能够这么肯定，完全是因为他的眼神——他的眼睛向你传递的信息是“他没有听”。

可见，眼睛的语言功能有多么强大。而这种“强大”全来自于人们对眼睛传递的信息所具有的高度敏感性。

没错，别说你的嘴完全处于一种休眠状态，即便你的嘴火力全开，人们也更愿意相信你的眼睛，而不是你的嘴。

所谓“你的眼睛出卖了你的心”，就是这个道理。眼睛既然可以出卖“心”，当然也可以出卖“嘴”。没有什么可以和眼睛的威力与魅力相提并论。

那么，在与他人沟通的时候，我们应该如何控制自己的眼神呢？

很简单，一句话而已：正确掌握与对方对视（目光交错）的分寸。

打个比方。许多人都倾向于认为与别人对话时目光应该尽量直视对方的眼睛，因为只有这样做才会让对方觉得你是在认真倾听，才会有一种安心感和被重视的感觉。

事实上，这种看法未必完全正确。

没错，适度的直视确实会给对方带来一种“被重视”的感觉，但过度的直视则不然，这样做反而会给对方带来某种压迫感，让对方感觉到巨大的不适。说得夸张点儿，过度的直视会让人产生一种“咄咄逼人”的感觉，而这样的感觉几乎无异于一种“冒犯”，甚至是“侵犯”。

如果你不信，不妨找个同事做一下试验。让他在你说话的时候自始至终地注视着你的眼睛，看看你自己会有什么感觉。

那位说了：你这么说不对。谁让你用那么凌厉的眼神直视对方了？你不会把眼神变得温柔点儿啊？

这句话看似很对，可如果实际操练一次，其弊端就出来了。

你依然可以找个同事来做一下实验。看看在你说话时，如果这位同事一直用一种温柔的眼神直视你的眼睛，你会有什么感觉？

如果我没有猜错，你会觉得更别扭，身上的鸡皮疙瘩会起得更多。甭管这位同事是同性还是异性。

因此，直视没有错，问题是不要过度。

国外有位心理学家通过一系列实验得出过这样的结论：人们可以轻松承受的对视时间是四秒钟。也就是说，只要超过四秒钟，对视就会让人"不轻松"了。因此，交流中正确的对视方法应该是这样的：对视四秒钟，然后将目光暂时移向别处；然后再对视、再转移……如此周而复始，一直到沟通结束。

那位又说了：好的，"对视"的分寸我基本掌握了。可这"转移视线"的分寸拿捏，又应该如何操作呢？我总不能东张西望吧！你不是说这样做是自寻死路吗？

这是一个好问题。下面我们就重点说说"视线转移"的技巧：

技巧 1：多看对方眼睛的周边部位

适当扩大一些视线的范围，尽量避免长时间直视对方的眼睛，可以让对方感到更舒适。

技巧 2：维持一个稳定的视线范围

你的视线范围要相对稳定。尽量做到左右对称、上下平衡。斜视对方、侧视对方、上下打量对方都是极其不礼貌的行为，会激起对方的强烈反感情绪。

特别要提醒注意的是，许多人都有斜视、侧视、上下打量人的毛病，而且重点在于这些毛病都是下意识的，可能当事人自己都完全没有注意到。可现在的问题是，这些行为你的沟通对象会注意到，而且还会极其敏感。所以，有意识地进行训练，同时主动寻求同事或朋友们的提醒与帮助，对克服这些毛病而言绝对是不可或缺的。

技巧 3：让沟通对手感受到你的“心”

千万别把你的沟通对象当傻子，无论你的技巧有多高超，只要他感受不到你的心，那一切就都白忙活了。不要试图挑战对方感性的敏锐度，你的心在与不在、真与不真，他第一时间就能感觉得到。这正是眼睛的厉害之处。因为“眼睛”与“心”之间真的是无缝连接，有些东西真的很难掩饰。

举个简单的例子。都说女性耳朵根子软，经不起甜言蜜语的撩拨与冲击。可是甜言蜜语这个东西到底是真情还是假意，女性的敏感度可是远超男性。

因此，在和女孩子说情话的时候，嘴甜一点固然没问题，可要老是心不在焉，你肯定不会有好果子吃，你将很难赢得芳心，“抱得美人归”。

男女之间如此，同事、朋友甚至上下级之间亦如此。沟通这个东西，归根结底还是要靠心与心的交流，比拼的并不总是技法。不明白这一点，你的技法再高超、再卓越，恐怕也很难成为一名真正的沟通达人。

小结

俗话说“眼睛是心灵的窗户”，表情这个东西最能表露一个人的心思，将他的“牌”不断地泄露给你。

第三节 姿态：身体中潜藏的沟通密码

“有话坐着说”才能“有话好好说”，这是一个沟通的常识。

前面提到，在沟通当中人们所处的“物理环境”会影响到“心理环境”，而心理环境则会对沟通的过程和结果产生决定性的影响。

显然，人们在沟通时的身体姿态，也可以形成至关重要的“物理环境”。

那么，什么样的身体姿态比较容易出现在人们的沟通当中呢？

答案只能有两个：站姿或坐姿。

这两种姿态的排列组合，主要有以下几种方式：

- **双方均采用站姿**
- **一方采用站姿，一方采用坐姿**
- **双方均采用坐姿**

先来说第一种方式，亦即沟通中的双方均采用站姿的情况。

两个人站着对话，会是一种什么样的状态呢？很明显的一点是：双方一定会面对面，而且彼此之间的距离会很近。

也就是说，在这种状态下，两个人之间的“物理距离”会很近，照理说“心理距离”也应该很近才对。这就意味着，两个人之间应该有着较为密切的私人关系。可在现实世界中，情况却不是这样。甚至不夸张地说，只能采用站姿进行沟通的两个人，往往关系较为疏远，甚至是彻头彻尾的陌生人。既然如此，两个人却要面对面，而且要保持极近的物理距离，那便很容易造成双方心理上的不适感。换言之，这个时候过于接近的物理距离非但不能缩短彼此之间的心理距离，反而会侵犯到人类的私密舒适空间，给双方均带来异常的心理压迫感。这种压迫感会让人上火、使人烦躁，从而容易被激怒。这就雄辩地解释了一个广泛存在的现象：为什么站着说话的两个人往往容易吵起来，或者打起来。所谓“一言不合就干仗”，而且“干仗”的理由常常是一些小小不言的事情，以至于事后想起来自己都觉得荒谬。

明知荒谬，可为什么会做呢？奥秘全在身体姿态上：谁让你们俩当时站着说话来着？要是双方能坐下来说，这事儿恐怕早就解决了，至少不会变得这么严重。

因此“站姿沟通”最大的问题在于：不合时宜地过度拉近彼此之间的物理距离，严重侵犯对方的私密舒适空间，从而显得咄咄逼人，充满挑衅意味。在这种情况下，哪怕是一般性的议题都会引发双方或某一方的不快，要是碰到高度敏感的议题，那还不得活活闹出人命来？

“站姿沟通”还有一个大问题，那就是当事人双方都会或多或少地产生一种“速战速决”的潜在欲望。

一坐下来，话就容易长；所以站着说，也许能够缩短对话时间，让结果尽快到来——一旦产生这样的心理，你的脾气不急躁才怪！可是任由自己的坏脾气发作，又怎么能指望得到一个好的沟通结果呢？

就是这么简单的逻辑。

显然，“有话坐着说”才能“有话好好说”，这是每一个人都懂的生活常识。问题在于，“懂”和“做”是两码事，加强“做”这方面的训练，是每一个人的必修课。

再来说说第二种方式，亦即“一方采取坐姿，而另一方采取站姿”的方式。

在针对某个议题的沟通过程中，一个人站着，一个人坐着。这样的画面意味着什么?

首先，大概率事件，这二位的职位和立场不一样。

一般情况下，站着说话的人往往是下级或后辈；而坐着说话的人则是上司或前辈。在这种情况下，坐着说话的人尽管没什么侵略性，基本上采取守势；不过，依然倍显威严，且能够做到滴水不漏。让站着说话的一方得不到什么便宜。

其次，沟通中的双方，对于结果的心态和预期不一样。

假设不存在职位和立场的差异，那么这样的状态又意味着什么呢?意味着双方当事人对沟通的目的以及结果有着完全不同的心态和预期。站着说话的一方比较着急，希望能尽快拿出一个结果，哪怕是阶段性结果；而坐着说话的一方则比较冷静、比较平稳，不急于拿出结果，愿意付出时间等待。

最后，没有结果的结果。

显然，在一方急一方不急、一方攻一方守的情况下，这样的沟通是很难达成妥协的，往往会无果而终。可即便无果而终，却未必毫无意义。最起码沟通双方彼此过了一回招，掌握了一些对方的有效信息，并对对方的沟通风格有了一定的了解，所有这些收获都可以在下次沟通中派上用场。只不过，既然这种方式无法形成一个有效结果，下一次沟通时就别如法炮制了，不妨换一种沟通姿势，大家都采取

“坐姿”。

顺便说一句，之所以员工和老板之间的“涨薪交涉”往往极难成功，其中一个很重要的原因便与“沟通中的身体姿态”有关。你想啊，一般情况下，你去找老板谈提薪的事儿，你们俩会呈现出什么样的身体姿态？

肯定是你站着，老板坐着；而且你们中间还隔着一张硕大的办公桌，对吧。

肯定是你急，老板不急；你攻，老板守，对吧。

按照我前面的分析，这样的谈判不可能有结果（或者说从一开始，“结果”便已注定）。你等于白费心思。

因此，还是那句话，办这个事儿，除了把老板从办公室“引”出来，引到你的“主场”之外，想方设法让两个人都坐下来，慢慢地聊，效果则要好很多。

不妨试一试。

下面，就让我们来详细说说这种“双方均采用坐姿”的沟通方式。

既然两个人都坐着说话，那就会存在一个“落座方式”的问题。

我在前面说过，“物理距离”的变化可以给“心理距离”带来极其微妙的影响，因此，下面我们就利用这个原理，来探讨一下“落座方式”的奥秘。

落座方式 1：面对面而坐

面对面、直视对方的眼睛——这种落座方式大家并不陌生。我们经常会在电视新闻中看到这样的场面。无论是大型商务谈判还是国与国之间的外交谈判，这样的落座方式经常被采用。它给人的第一印象是“正式而严肃”。谈判双方彼此都代表了某种泾渭分明的立场，给人一种绝不轻易妥协、“武装到牙齿”的感觉。

简而言之，“对面而坐”所释放的信息是直接而强烈的，那就是两个字：对立。双方以绝对的“对立”为前提，寻找彼此可以妥协的微弱空间与可能性。

因此，这种沟通方式的优点和缺点都是非常鲜明的。

- **优点：可以有效地表示“强硬”，轻而易举地让对方明白自己的立场，不至于发生误判。**
- **缺点：由于双方都强硬，这样的沟通往往很难拿出具体成果，从而容易沦为一种单纯的“走形式”。双方各说各话，极难达成妥协。**

因此，我们经常可以在电视新闻中看到这样的有趣场面：明明隔着一张宽大的谈判桌面对面而坐，但是谈判双方的代表在对话时却往往会刻意回避直视对方的眼睛，而是将目光移向别处，甚至是四下张望，以这种姿态继续与对方之间的对话。这就是当事人试图缓和气氛的典型做法。有时是刻意为之，有时则是下意识的行为。而且，越是陈述不可妥协的原则性问题，从而导致“话不投机”的沉重氛围时，这种姿态就越频繁。因为在这样的状态下，直视对方的眼睛会成为一种巨大的心理负担；反之，越是涉及非原则性问题或令人感到轻松愉快的话题时，这种姿态就越少见。因为在“酒逢知己千杯少”的状态下，人们会更放松，从而更容易也更愿意直视对方的眼睛。

因此，我们也就很容易理解，为什么真正能“成事”的谈判总是发生在饭桌上或高尔夫球场中，而会议室里的谈判则往往容易止步于“走过场”的原因了。

不过，甭管怎么说，对于我们在日常生活和工作中的沟通来说，这种面对面、眼对眼的落座方式实在是杀气太重，除非议题的严重性和严肃性已经达到一定程度，否则要尽量回避这样的沟通方式。

落座方式 2：面对面而坐，略有偏移

这种落座方式显然比上一种要优越得多。它可以有效避免过度对立的紧张气氛，让涉事双方之间形成一个舒适的“心理缓冲带”，彼此都能更为放松；而且，在一种相对轻松的氛围里，当事人也更容易袒露心扉、直奔主题，省去了不少“相互试探”，甚至是“钩心斗角”的麻烦，对于快速达成妥协是极为有利的。

至于具体的分寸把握，将落座位置掌握在“沟通中的两个人刚好错开一个身位，或重合半个身位”的程度，应该就差不多了。

不过，在实际操作时必须要高度注意两个细节：

- **细节 1：除非两个人之间的关系很熟、很亲密，否则尽量不要将身体靠在椅背上（或将整个身子陷进椅子里）和对方说话，这是相当失礼的行为，甚至有一点挑衅的意味。**
- **细节 2：在沟通过程中，切忌手指头不停地摆弄圆珠笔之类的东西。特别是在倾听对方发言的时候，这些手上的小动作会显得极其失礼，令对方不悦。这等于人为地制造沟通障碍，**

完全是画蛇添足之举。

落座方式 3：侧面 90 度落座

如果你想和对方显得更亲密一些，让你们之间的谈话氛围更自然一些，可以考虑采取这样的落座方式。

由于这种落座方式极大地缩短了两个人之间的物理距离，所以你们之间的心理距离也会被骤然拉近。

为了更好地做到这一点，请尽量把你的沟通对象引到一张圆桌旁落座。因为和方桌相比，圆桌更有利于不露痕迹地调整位置。

不过，对有些敏感的人来说，由于这种落座方式显得过于亲密，也许会令他们感觉不适，觉得自己的私密空间被对方侵犯。这种时候，他们往往会本能地做出一些反应：或者身体微微后倾，或者将自己的面部错开，避免与你过于接近，尽量回避你的目光。当你意识到这些反应时，一定要及时调整自己的坐姿，与对方之间保持一个适度的距离，及时缓解他们的紧张感和警戒心。

当然，你没有必要放弃，还可以寻找机会再做尝试，想方设法拉近你们之间的物理距离。只不过切记不要“霸王硬上弓”，要根据对方的反应不时做出调整，否则将适得其反，令你前功尽弃。

落座方式 4：并排而坐

这是一种“终极亲密”的落座方式，即“以最短的物理距离达成最近的心理距离”的方式。甚至有人把这种方式称为“感情关系”的体现。也就是说，但凡当事人之间没有一定的“情分”（无论是亲情、爱情还是友情），绝无可能以这样的方式落座。

因此，如果你能把这样的落座方式成功地带到日常沟通中来，那么搞定任何一场沟通基本上都不是什么难事。

不过，也正因如此，走到这一步并不容易。由于这种落座方式几乎消灭了人与人之间的物理距离，如此大胆的亲密举动也许会吓到你的沟通对象，极易激起他们强烈的自我保护心理，反而让你们之间的心理距离变得更为遥远。

因此，在一般情况下，这样的落座方式似乎更适用于老朋友或者“老关系”之间。可即便如此，对于那些非亲非故的沟通对象来说，这一招也未尝不可一试。

还是那句话：只要你能循序渐进、顺势而为，而不是“霸王硬上弓”，那你就绝对会有成功的可能。而一旦成功，你的沟通将事半功倍。

总而言之，“落座方式”对于我们的沟通非常重要，绝对不能等闲视之。所以，你不妨让自己养成一个新习惯：彻底改变迄今为止的“无意识”状态，从今天开始，“有意识”地关注和利用“落座方式”，让它能够实实在在地为你的沟通帮上大忙。

小结

“站姿沟通”最大的问题在于：不合时宜地过度拉近彼此之间的物理距离，严重侵犯对方的私密舒适空间，从而显得咄咄逼人，充满挑衅意味。

第四节 倾听：学会使用耳朵

点头、附和、做笔记，是搞定倾听技巧的三个法门。

常言道：会说的不如会听的。这句话雄辩地道出了沟通的真谛：真正的沟通高手，往往不是体现在嘴上，而是体现在耳朵上。

会听，比会说更有利于你达成沟通的目的，甚至会让你事半功倍——这句话每个人都听过，其道理却未必每个人都懂。

这就涉及“博弈”的问题。

如果把沟通，尤其是那种围绕某个艰难议题所进行的沟通比喻成一场“博弈”，那么如何才能从博弈中胜出呢？

答案很简单：当然要首先弄清楚彼此手中的牌，尤其是底牌（在博弈当中，这被称为“筹码”）。这就是“知己知彼，百战不殆”的道理。

那么，如何才能搞清楚对方手中的筹码到底是什么呢？

简单，一个字：听。或者再加一个字：问。

如果对方一言不发，或者即便发言也说不到重点，那么判断对方的筹码就只能靠“问”了；可是如果对方谈兴极浓，正在滔滔不绝地发言，而且话语中蕴含着大量有效信息，那么显然“倾听”是你唯一需要做的事情。

遗憾的是，现实世界中人们在与他人沟通时往往容易呈现另外一种状态，亦即“争抢或霸占话语权，完全不给他人说话的机会”。只顾自己说，不让别人说，好像谁说得越多、越长，谁就越占便宜似的。于是，一个极为诡异的现象经常出现在我们的沟通场合：两个人你说你的，我说我的；双方的话完全没有任何交点，完全是两条平行线，却居然也能说得唾沫星子横飞，不亦乐乎！

这是一个非常荒谬的逻辑：两个人都在“说”，就意味着谁也没有在“听”；既然没人听，那你就算说破嘴皮子又有什么用？

这样的沟通有什么意义？难道仅仅是为了让自己“说”痛快？可是既然没人知道你到底说了点什么，你的“痛快”又从何而来呢？

岂不是彻头彻尾的自娱自乐？

话语权悖论：越主动则越被动，越被动反而越主动

那么，为什么人们这么喜欢“说”，而不喜欢“听”呢？

首先，这个事儿和面子有关。

特别是我们中国人，“面子文化”流传久远、根深蒂固。那么，在“听”与“说”之中，哪一个会让我们觉得“更有面子”呢？

显然是后者。问题在于，如果仅仅是“说”让我们觉得更有面子也便罢了，更严重的事情是，“听”还会让我们觉得很没面子。

因为别人在说，而自己在听；尤其是别人在一个劲儿地说，而自己在一个劲儿地听，这样的状态会让我们很不舒服。好像自己失了理，而不得不聆听他人的教训。

因此，谁掌握了话语权，谁说得早、说得多，似乎谁就占了理；相反，倾听的一方就会显得很理亏，好像从一开始便让人推上了“被告席”。这是一件多么尴尬，多么伤面子的事！

于是，为了面子，也要少听多说，这似乎成了沟通场上一条不成文的规矩。换言之，在许多情况下，沟通的目的已经偏离了“相互妥协”“解决问题”这条主线，而不可避免地滑向“争抢面子”的窠臼——能够解决问题固然好，可是即便解决不了问题，能够保全面子，也不枉这场沟通！

其次，是炫技的冲动。

从本质上讲，这依然与面子有关。在沟通中滔滔不绝地“说”，而不是静静地“听”，似乎会给他人留下一种“此人知识渊博、口才了得，是个人物！”的错觉。

事实上，尽管“听”的人并不会觉得“说”的人有多么了不起，也并不觉得对方的知识有多么渊博，思维有多么敏捷，逻辑有多么严谨，可这并不能改变正在口若悬河的人自我感觉良好。

可见，这样的自我感觉往往与别人的反应无关，而只和自己的感觉有关。只要自己能从头说到尾，自己能彻底说痛快了，一股强大的自我满足、自我钦佩感便会油然而生：瞧我多牛，多厉害！能不打磕巴地说这么长时间，试问有几个人能做得到！要是嘴皮子不够利索，肚子里的货不够多，我又怎么能有如此神勇的表现？

看见了吗？此时此刻，“说”的人已经完全陷入自娱自乐的状态。对他而言，别说“倾听”这件事毫无必要，即便沟通对手完全不在场也无所谓。因为即使场上只有他一个人，他也能自言自语好几个小时，直到自己彻底说爽了，说醉了。

相信这样的人，这样的沟通状态，大家或多或少都见识过，领教过。心里自然会别有一番感受。

最后，“率先”表达的冲动。

就好像百米赛跑，起跑的时候，谁能领先对方哪怕 0.01 秒，哪怕比对方靠前十分之一个身位，都会占得先机，极大地提升率先冲线的概率。

换言之，“谁先说，谁得利”似乎是沟通场上的一条不成文的规则，并得到大家共同的默许，让所有人不知不觉着了魔，一跳进沟通场便会下意识地争抢起绝对的话语权来。

问题在于，这样的“先机”是否有意义？

答案显然是否定的。沟通和百米赛不一样。绝不是谁先跑，谁的机会就大；恰恰相反，谁跑得越早、越快，谁就会越被动，越不容易在博弈中获胜。

尽管都是博弈，但沟通和百米赛的区别在于：后者胜出的秘诀在于“争先恐后”，而前者胜出的要害则是“争后恐先”。

这就意味着，在沟通当中，“先听后说”比“先说后听”或“边听边说”，无论在战略上还是战术上都要强得多，你越这样做，便越能牢牢掌握主动权和话语权，反之亦然。

理由很简单：在博弈当中，过早亮出自己的底牌是愚蠢的行为，这种做法只能让对方抢得先机，从而让自己更透明、更被动，让对方能够按住自己打。因此，不妨低调一些，让对方先亮出底牌，你好趁机而入、有的放矢（通过最大限度地获取对方的有效信息，精准判断对方的筹码与目的，做到有针对性地出招，掌握博弈场上的主动权），这样才能提高获胜的概率。

这是一个简单的悖论：在沟通当中，越主动则越被动，越被动反而越主动。

明白这个道理，你的沟通将事半功倍。

那么，既然倾听如此重要，我们又应该如何做好“倾听”这篇文章呢？

倾听的门道：点头、附和以及做笔记

我们可以简单想象一下，在什么样的情况下，你会觉得别人在认真倾听你说的话？

看眼神？没错。如果对方在你说话的时候始终盯着你看，也许会给你留下一个他在“认真倾听”的印象。可仅这一点并不保险。因为即便他的视线在你身上，他的心思也有可能飞到了别处。换言之，人的眼睛和耳朵并不总能保持一致，光靠眼神来判断“倾听与否”并不十分靠谱。

因此，为了给别人留下一个你在“认真倾听”的好印象，还要再给你的眼神加点别的料，构思一套组合拳。我能想到的“料”有以下三种：点头、附和与做笔记。先来说一说点头和附和。

让我们想象一下这样的场面。假设你正在对一个人说话，甭管对方是你熟悉的人还是陌生人，那么，他的哪些表现会让你产生一种“这个人在认真听我说话”的感觉呢？恐怕答案会是这样的：

对方坐在桌旁，胳膊肘支在桌子上，两手托着腮帮子，目不转睛地看着你。然后不时点头，听到高潮处还会发出一两句“是吗？”“是啊？”“真的吗？”“怎么会这样？”“太棒了！”“哦，那可真是太可惜了！”之类的附和声。

不出所料的话，这样的画面一定会让你感到很爽。有一种“我的话让他听入迷了”的感觉。这是一种巨大的成就感，会让你谈锋更健、谈兴更浓。

说一句不厚道的话，哪怕这种“倾听”的样子就是一种作态，一种表演，其效力依然十分惊人。

这一点我本人深有体会。

话说我有一个长辈，平常沉默寡言，不善交流。可是偏偏在我面前，回回都能瞬间变话痨，一旦开聊，两三个小时都打不住。之所以会这样，就是因为每当他开口说话时，我总会不自觉地点头和附和，在极短的时间内彻底点燃他诉说的热情，令他滔滔不绝地说个没完，直到把我彻底说烦了。

这让我一度十分难受，绞尽脑汁想改变这种局面。我曾经尝试在他说话的时候故意不做反应。可这种“漠视”的样子又让我觉得对长辈不太尊重，再加上实在不忍看他失望的表情，于是只好又重新端出这两项技巧。

时间一长，我们之间仿佛有了某种默契。我违心地点头，违心地附和，其实早已心猿意马，注意力分散；而他依然满足于我“入迷”的状态，能够兀自说个不停，直到尽兴为止。

后来我想，这就算是我的一种“尽孝”表现吧！只要老人家高兴，自己痛苦一点又有什么关系呢？可以说这段亲身经历，让我对点头和附和的威力有了切肤的认识。下面，我们就一一分析一下这两种技能。

先说说“点头”。

之所以人们会对“点头”这一种不经意的举动产生如此明显的反应，是因为这种举动蕴含了人们渴望得到的一连串重要信息——我对你的话很感兴趣；我急于知道下面你会说什么；我在非常认真地倾听，希望你能继续说下去。

也就是说，“点头”这一动作最大的功能在于提供“鼓励”——你很棒，你完全可以，所以请继续！

别忘了，并不是所有人都拥有良好的口才。就跟我那位长辈一样，闷葫芦似的，对自己的表现完全不自信的人也大有人在。不过，“表现欲”这个东西是人类的本能，是个人都会有表现欲，而且是极为强烈的表现欲。关键在于，由于表达能力的差异，有些人的表现欲非常外露，而另一些人的表现欲则极为内敛，内敛到连自己都无法准确辨识，甚至毫无意识的程度。也就是说，对表达能力较差的人而言，他们并不是没有表现欲，而是表现欲在大多数情况下被深深地压抑了。显然，压抑越持久，他日一旦爆发出来也便越猛烈。

显然，“点头”是引燃这种爆发的重要手段之一。

然而，如果你以为只要会点点头就一定能取得理想的效果，那也未免有点太天真了。千万不要小看这区区“点头”的小动作，里面可做的文章还真不少。

这里，向大家介绍两个关于“点头”的小技巧：

● 多一些“点头”的花样

“点头”不能太机械、太僵化，那会给对方留下一种不自然的感觉。一定要多琢磨出一些花样来，根据现场不同的情况灵活地加以应用。打个比方，在对方强调重点的时候可以慢一些、幅度大一些；在对方渐入佳境、越说越兴奋的高潮阶段则可以频繁一些、快一些、幅度小一些……

● 迎合对方的声音和身体语言

对方说话时的声音（音调、音量、语速等等）以及身体语言（面部表情、手势等等）是千变万化的。因此，你的“点头”动作也必须随时做出调整，以便顺应这些变化。打个比方，当对方语速极慢、完全处于热身阶段时，显然你频繁、快速地点头是不合时宜的，会给他留下一种特别做作，甚至是不耐烦的感觉；反之亦然。当对方语速极快、已然渐入佳境时，你却依然不紧不慢、四平八稳地点头，显然这也是一种典型的“状况外”的表现，会让对方觉得你完全心不在焉，根本没有在认真倾听。

再来说说“附和技”。

“附和”主要有以下两种形式：

● 单纯附和

就是对沟通对手的话单纯地做“附和”的反应。“是”“对”“没错”“可不是嘛！”“是啊？”“那可太悬了！”等，都属于“单纯附和”。这种附和方式是一种最常见的方式。唯一的要点是切忌“过多的重复”。如果你的附和过于重复、过于单一，就会让对方产生一种“没诚意”的感觉，导致前功尽弃。打个比方，假设你跟一个人说话，而对方的反应永远是一个字：“是”或者“嗯”。你会有什么感觉？会觉得对方在认真听你说话吗？恐怕你的回答是否定的。真实的情况是，如果对方以这样的方式“附和”你，一定会让你觉得特没劲、特无聊，感觉对方完全是在敷衍你。既然你会有这种感觉，那么别人也和你一样。他也不喜欢在自己说话的时候，对方的反应或者是附和太过重复、太过单调。那几乎是一种冒犯，只能让人觉得沮丧，甚至愤怒。因此，在你倾听别人说话时，在“附和”方面一定要多换一些花样，而且这些花样必须踩在点儿上，要与对方说话的内容、节奏乃至情绪的变化合拍，这样才能展现你的诚意，让对方对你的投入程度没有任何怀疑。

举个简单的例子，当对话开始时，你的附和词可以单调一些，比如说“嗯”“是”“知道”“对”等；不过，当对话渐入佳境之后，你的附和词就必须有所变化了，比如说“是吗？”“怎么会这样？”“太吓人了！”“那后来怎么样了？”等。这样的一种节奏，与对方的表达状态非常熨帖，堪称无缝衔接，其效果自然也无与伦比。

● 推测附和

这种附和方式稍微难一些。因为需要对沟通对手的情绪反应进行“推测”。打个比方，对方并没有通过语言准确地表现出喜悦的情绪，可是如果你从对方的语气和神情中感受到了这种喜悦，就可以大胆地附和一声“呵呵，您一定高兴坏了吧！”又或者，即便对方没有明确表现出他的失望情绪，不过如果你从他的一些身体语言中捕捉到了这种情绪，也可以不失时机地插上一句“您一定感到特失望吧！”等。

当然，情绪的揣测要尽量准确，才能有的放矢，否则将适得其反。比如说，一个人兴致勃勃地跟你描述一次惊险经历，本来是想凸显自己的“勇敢”，这个时候如果你来上一句“把你吓坏了吧！”就显得有些不着调、不合时宜，非但不会取悦对方，反而有可能得罪他。

归根结底，这还是一种“懂共情”的表现；而共情的锻炼，需要你在日常生活工作中刻意为之，并能持之以恒。

总之，人们的情绪未必总会通过语言明确地表现出来，或者说得更大胆一些，也许我们的情绪九成以上都不会通过语言明确地表现出来。这就意味着在绝大多数情况下，你与他人沟通时要尽量表现得“有眼力见儿”一些，要认真观察对方的细微变化，主动揣摩对方的情绪反应，并能够及时进行调整，予以迎合；而这样的调整和迎合被人们视为“善解人意”。显然，一个善解人意的人在沟通方面不可能是外行。

最后，再来说说做笔记。

这是一种较为极端的倾听方式。一般情况下，主要用于下级与上级之间，或销售人员与顾客之间的对话。

当然，做笔记不仅仅是为了向对方证明自己在“认真听”，更重要的是留下重点信息，以便能做出及时而恰如其分的回应。不过，甭管怎么说，当别人说话时你能拿出纸笔做记录，无异于在“倾听”方面放了大招。这会给对方留下极为深刻而正面的印象，从而让你们的沟通更顺畅，更友善，更容易达成共识，创造双赢的局面。

比如说，你在某家商店遇到不愉快的事情，气愤地找经理投诉；而在你滔滔不绝地发泄不满时，这位经理拿出纸笔认真地做着记录，你会有什么感觉？

如果我没猜错，十有八九你的怒气会平息一些——这绝对是一个良好的开头。只要你的怨气开始消减，这事儿就有的谈，而且谈妥的概率极大。

很多围绕敏感话题进行的沟通之所以常常钻进死胡同，一个很重要的原因就是因为某一方或者双方的情绪非但没有逐渐平静，反而不断高涨。这是最棘手的局面。在大多数情况下，“情绪化”是沟通的大敌，只要沟通陷入情绪化的泥淖，往往就会变得无解，而且越陷越深，最终沦为“为发泄而发泄”的情绪战争。因此，哪怕一个小小的“做笔记”的动作，只要能传递善意，在抑制情绪化反应方面起一点作用，也绝对值得推广，积极尝试。

总之，点头、附和、做笔记，是搞定倾听技巧的三大法门。另外，学会倾听，则将会给你的沟通带来完全不一样的局面。其最大的好处，在于能让你的沟通对象彻底打开话匣子，瞬间变话痨。这样一来，即便他想有所保留恐怕也难，一定会在不知不觉中将自己的所有筹码彻底暴露出来。这时候，你需要做的，则是管住嘴，激活耳朵，然后让自己的大脑快速运转起来，在最短时间内对所有信息进行筛选、分析和加工，准确地将对方的底牌和王牌一一清理出来。剩下的事情就简单了：当对方终于尽兴，说完最后一句话，整个人瘫坐在椅子上喘气时，你只需从容不迫地亮出区区数招，便能轻而易举地令对方就范。

小结

在沟通当中，往往越主动则越被动，越被动反而越主动。

第七章

沟通的技巧：如何大幅提升沟通的效率

第一节　学会避免误区：别忘记“通”才是最终目的

尽量不要让沟通的起点源于指责，哪怕你的指责是正确的，有充分理由。

我们说过，“沟”是手段，“通”是目的。任何做不到“通”的沟通，都是只“沟”不“通”，完全没有意义。因此，“沟”在某种程度上可以做到“不择手段”，可以有许许多多的方式，只要能够达到“通”的目的就行。

从这个意义上讲，任何妨碍“通”的要素，都属于沟通中的误区，需要引起我们的高度注意。那么，沟通中比较容易存在什么样的误区呢？让我们来梳理一下。

情绪化：不要让沟通的起点源于指责

一般认为，“情绪化”是沟通的天敌。本来是挺正常的话题（问题），而且这个话题（问题）一旦圆满解决，对双方都有好处，可谓“皆大欢喜”。可一旦沟通中的某一方开始情绪化，这种情绪化便会迅速传递给对方，从而使一次很正常的沟通瞬间变为争吵，最后搞得大家剑拔弩张、不欢而散，反而进一步激化了矛盾，把小问题变成大问题，简单的问题变成复杂的问题，直至最终彻底无解。

简而言之，这样的沟通非但没有解决问题、减少问题，反而制造了更多的新问题、大问题，实属“赔了夫人又折兵”，是彻头彻尾失败的沟通。因此，情绪化是沟通最大的误区，必须认真对待。

那么，为什么沟通当中容易发生情绪化反应呢？理由很简单。一般来说，人们在需要沟通的时候往往是因为遇到了什么问题，而这些问题会导致某种程度的抱怨和不满。这便为沟通埋下了情绪化的种子，也就是我们常说的“心里带着气”。事实上，相当多的人在试图与别人沟通、解决问题时，会有意无意地压制住这股气，并尽量做出（或“装出”）一副心平气和的样子。可问题在于，一旦你心中带着某种情绪，即便你试图压制，这种潜在的情绪也会不经意地从你的脸色和语气当中表现出来，而对方对此是绝对敏感的，他也会迅速做出情绪化的回应，让你们的沟通最终破产。

举个形象的例子：你认为发起针对某个问题的沟通是为了对方好，而对方却认为你这是不怀好意、来者不善；这种“不识好歹”的举动又会刺激到你——我明明是为你好，你怎么能这么对我？这不是“狗咬吕洞宾，不识好人心”吗？于是你会激动起来、愤怒起来，表情会更犀利言辞会更激烈，而这种反应也会招致对方相同的回应，这个回应又会进一步刺激你的反应……一来二去，这场沟通最终会有什么结果，不用我说你也能猜得出来。

这就是所谓“情绪化的螺旋效应”，一方情绪化会导致另一方情绪化，然后在双方之间迅速形成一个巨大的情绪化螺旋，不停上升、不断放大，最后不是鸡飞蛋打、一片狼藉，就是一拍两散，形如仇寇。

可见，“沟通”的要害在于尽可能避免情绪化，双方都能保持平静和冷静是沟通者的福音。这就需要你正确面对沟通需要解决的问题。甭管这个问题是否与对方有关，是否肇始于对方，都不要将其视为对方的一种“罪过”，甚至“原罪”，带着“讨伐”的心理去面对对方。换句话说，不要让沟通的起点源于指责，哪怕你的指责是正确的，有充分理由。

要知道，在沟通中区分“出发点是否正义”本身就是个伪命题，至少在大多数情况下是这样的。因为绝大多数需要沟通的问题都会与当事人彼此所处的立场有关，其走向也会被彼此立场的差异所影响。这也就是我们常说的“清官难断家务事”“公说公有理，婆说婆有理”。因此，片面强调己方的正义性，不可能带来“通”的结果，甚至连“沟”的形式都不成立，完全就是单方面的指责与攻击，并希望获得单方面的、压倒性的胜利。

如果沟通双方都秉持这样的立场，必然会陷入情绪化，也必然会让“沟通”的目的打水漂。换言之，这样的“沟通”会瞬间从“内部矛盾”变成“敌我矛盾”，从“同事之谊”变成“杀戮战场”，而这场战役中将不会有最后的胜者，难免会让战场一片狼藉。

因此，尽管“立场”在沟通中是绕不过的要素，却万万不可过度预设立场，将彼此的关系搞得那么对立。如果你想让自己的立场成立，乃至让对方理解你的立场，那就一定要对对方做相同的事。甭管这件事有多么艰难，多么痛苦。这就是所谓的共情。这个词，对沟通而言实在是太重要了，压倒一切的重要。

还是那句话，你要弄清楚你想从沟通中得到什么。是发泄情绪的快感，还是解决问题？如果是后者，那么在情绪方面做一些牺牲绝对值得；如果不是这样，那么便可以尽情地发泄情绪。显然，在情绪方面做牺牲是更明智的选择。更何况，这样的“牺牲”还会给你带来意外的惊喜。

了解，乃至理解对方的立场，绝不仅仅是一种姿态、一种让步，而是一个技巧、一种“布阵”。常言道“知己知彼，百战不殆”，既然你想说服对方，在沟通中“获胜”，那么你总要对对方有所了解。这样的了解越深入，对方便“暴露”得越彻底，你手中的“弹药”也便越充足，在沟通的过程中也更容易有的放矢，戳中对方的痛点，从而更容易达成沟通的目的。

总之，一时的情绪化，一时的意气用事并不能给你带来任何好处，反而可能坏了你的好事，让你费尽心思的沟通努力功亏一篑，实在是得不偿失。

常常有人用“好面子”的理由解释自己在沟通中的情绪化表现。问题在于，这些人搞错了“面子”的含义以及获得“面子”的正确途径。一定要明白：只有沟通成功才能让你更有面子，而不欢而散只能让你更丢面子。

这是一个无比简单的逻辑，是个人都懂，可偏偏大多数人一旦来了情绪便会把这个逻辑“丢到爪哇国”，一味地与对方计较情绪和一些不着调的细枝末节，导致沟通变味、走形，最后彻底失败。实在是太可惜了。

炫技：沟通不是比武场

炫技，也是人们在沟通中经常会犯的毛病。具体地说，就是在沟通过程中过分重视说话的技巧（亦即所谓的“口才”和逻辑思维能力），而不是说话的目的（亦即问题的解决）。

举个简单的例子，“大学生辩论赛”想必大家都不陌生，但是这样的辩论可以称为“沟通”吗？我表示怀疑。这种比赛的胜负，几乎完全和知识储备、逻辑思维能力以及语言的组织能力有关，换言之，几乎完全取决于“口才”。这就意味着在整个辩论的过程中，“解决问题”永远不会是双方关注的焦点，想方设法寻找对方的软肋和疏漏，然后发起猛烈的攻击才是真正的重心。总之，谁能说，谁就胜，反之亦然。可问题在于，技巧高，对问题的最终解决到底能有多大助益？

不能说完全没有帮助，但帮助显然是有限的；而且炫技过了头常常还会适得其反，让问题距离最终解决渐行渐远。理由很简单，对方说不过你不代表对方心悦诚服。**这仅仅代表你在“技术”上占了上风，而不是在“道理”上占了优势；而这种技术上的优势常常会令人心生反感，会让对方更加倾向于终止、放弃与你的沟通，而不是将沟通进行到底。**

总之，基于“炫技”的沟通是毫无意义的沟通。在这种方式下，双方的主张永远是平行线，永远不可能找到交点。这样的“辩论”，作为比赛在电视上演一演没问题，要是在真实世界中也用这种方式去和别人沟通，恐怕你一辈子也当不了真正的沟通高手。

因此说，口才好是好事，过度炫技却是禁区，要尽量避免。毕竟你的目的并不是为了逞口舌之快，而是为了解决问题；是为了争取朋友，而不是为了制造敌人；是为了让对方也能感觉良好，而不是为了让对方感到难堪或痛苦难耐（从而为自己创造“胜利”的快感和优越感）。归根结底，是为了双赢，而不是“单赢”。

● 求“胜”心切

在“沟通”这件事上，到底存不存在所谓的“胜负关系”？实事求是地讲，不能说完全不存在。如果你成功地说服了对方，让对方接受了你的立场和观点，那么可以宣布你获得了最终胜利。不过，前提是你“成功地说服了对方”，换言之，这一胜利属于你们两个人，而不是你一个人。也就是说，所谓的“沟通成功”，其最终结果一定是双赢，任何“单赢”都不能称之为“赢”，因为在这种情况下，沟通的最终目的完全没有达到，因此只能是“双输”。

有鉴于此，在沟通的过程中切忌求胜心切，不惜一切代价攻击对方的软肋和疏漏。相反，你要悠着点，要主动放过一些对方的软肋和疏漏，不要让沟通的气氛绷得那么紧。否则，对方也会把所有注意力集中在如何“反击”你，如何让自己的技巧更加完善上面，从而让你无懈可击；甚至更进一步，对方也会开始寻找你的软肋和疏漏，以便让自己的反击更为有效，甚至能够反败为胜，最终彻底压制住你。换言之，求胜心切会让你们的沟通目的无法达成，从“解决问题”，变成“炫技大赛”。

总之，在沟通当中，“胜负关系”可以有，但只能是结果，不可以是过程，更不可以是起因。你只有把所有精力放到解决问题上面，才有可能给自己和对方带来胜利的结果；反之，如果你一开始便直奔胜利而去，最终收获的一定是苦果，而不是胜果。

● 仗势欺人

沟通中还有一个明显的误区，那就是用自己的立场、地位、资源等强势条件压制对方，试图从一开始便建立起绝对优势，垄断话语权，以图在沟通过程中彻底碾压对方。简单点说，这就是纯粹的“不平等”沟通。这样的沟通与命令、胁迫无异，从本质上来讲是一种单方向行为，不具备“沟”的有效要件，也不可能达成任何“通”的目的。

采用这样的沟通方式，即便可以得到某种权益性结果，让问题得到暂时性解决，但这样的结果和解决也是不牢固的，不可持续的，迟早有一天会翻盘。换言之，这样的沟通方式与其说“解决了问题”，不如说“制造了更多、更严重的问题”，实属得不偿失之举。举一个形象的例子，这就好像“不平等条约”，既然是“条约”，必然会有一定的约束力和实效性，可是既然“不平等”，这个条约必然难以持续，一定在水面下蕴藏了巨大的危机。就好比定时炸弹，迟早会爆炸。

必须注意的是，沟通中的“势”，亦即立场和地位，有些是物理性的，有些则是心理性的。比如上下级或大人与孩子之间的沟通，便存在天然的立场和地位的不同，而这种物理性的不同又会导致心理层面的差异。也就是说，既然我是上司，你是下级；或我是大人，你是小孩，那么我就理应比你更强势，比你更有优势。这种心理层面的优势与强势会贯穿沟通行为的始终，导致一方从头到尾“压着对方”，不给对方“还手”的机会，因为对方没有这样的权利与资格。

可见，与物理层面的地位与立场差异相比，心理层面的差异对沟通的影响更大，更具有决定性。这就意味着，即便没有物理层面的差异，只存在心理层面的差异，这种沟通中“仗势欺人”的现象也会发生。比如说，张三欠李四人情，或李四认为张三欠了自己的人情，那么在两人的沟通中，李四便会具有某种天然的心理优势；同样的道理，女的很漂亮，男的很丑，或女方的家境比男方更好，从而让女方有了“下嫁”、男方有了“高攀”的感觉，那么两人之间的交往也会存在天然的不平等。这都会导致在沟通中一方强势，另一方弱势，强势的一方自始至终压着弱势一方的局面。

显然，这种不平等沟通都不会有什么好结果。即便被压迫的一方强行忍耐，选择妥协，可日子一长，妥协的次数太多，便有可能忍无可忍、突然爆发，让两人之间的关系彻底破裂。

无论是婚姻关系、上下级关系还是同事之间的关系，最怕的就是这种情况。表面上看好像大家平安无事，共同度过了许多“美好”的时间，可水面下却蕴藏着太多、太严重的危机。迟早有一天，当这些危机一起爆发的时候，会让一切瞬间归零。

这样的教训实在是太多了，可谓“俯拾皆是”。比如说一向听话的孩子，忽然之间离家出走，从此杳无音信或者公开声称要和父母断绝关系；一向恩爱的夫妻，忽然之间闹离婚，彼此形同仇敌；一向对上司言听计从的下属，忽然之间翻脸，离职而去……日常生活中的这些大小悲剧，相信我们每一个人都或多或少经历过，见识过。导致这些悲剧发生的原因，也许异常简单，就藏在我们日复一日的相处中；或者说得更准确一点，藏在我们每一天、每一次的沟通行为中。

归根结底，还是那句话，沟通的重点是“通”，而这个“通”必须是“心灵相通”。不能让对方心悦诚服，任何沟通都是没有意义的，是不成立的。然而，想做到这一点，就要求沟通中的双方必须是平等的，至少在心理层面，不可以拉开任何立场上的差异。更进一步说，平等不仅有利于达成沟通的目的，更有利于提升沟通的效率。有许多事，采取居高临下、盛气凌人的态度去解决，会很吃力、很痛苦；反之，采取平易近人、完全平等的态度去解决，则会很简单、很舒服。

这方面的案例在日常生活中不胜枚举，相信每个人都会有所感觉。甚至有的时候，主动放低身段，把对方捧高一点，让对方的立场更主动一点、更强势一些，反而会让沟通的效率更高，过程更顺利。这也是常识中的常识，这里不再赘述。

● 形式大于内容

沟通这件事，最怕的就是形式大于内容。不是说形式不重要，可没有内容、没有结果的形式实在是劳民伤财，毫无意义。比如说“谈心”“会议”“谈判”……所有这些形式上的东西，其实有时候反而会让沟通的目的更难以达成，而不是相反。打个比方，当父亲对儿子说“咱父子俩好久没有谈过心了，找个时间聊聊吧！”或一个领导对自己的员工说“这件事必须开会解决”的时候，会产生什么效果呢？如果你够诚实，恐怕十有八九会有些不祥的预感。没错，沟通一旦和形式挂上钩，往往会显得太正规、太严肃了，甚至有些咄咄逼人之感，会让人感到莫大的压力，在沟通还没开始时便对它产生某种抵触情绪。在这种情况下开始的沟通，必然会进行得分外艰难，也不容易达成令人满意的结果。换言之，“形式”这个东西只能构成“沟”的要件，却与“通”关系不大，甚至反向相关。

因此，如果有可能，在沟通中要尽量避免太多形式主义的东西，尽量做到“不拘一格”“随时随地”。也就是说，只要有沟通的需求，有合适的氛围和时机，便可以随时随地展开沟通，随时随地解决问题。没必要大张旗鼓、拘泥形式，把事情搞得那么复杂。

当然，当问题极其严重、合适的氛围和时机迟迟无法酿成时，或当问题的性质本身极其严肃、极其正规时，用某种强制性的手段确立具体的沟通形式是必需的。不过，这样的场合在日常生活中不可能太多，甚至不应该太多。因此大多数情况下，当我们拘泥于某种沟通的形式时，都极有可能是“小题大做”，常常收效不大，甚至适得其反。

退一步讲，即便是许多必须以某种具体形式进行的沟通，也存在一个“工夫在诗外”的问题，比如“谈判”。众所周知，真正重大而艰难的谈判往往不是在谈判桌上搞定的，而是在餐桌、酒局上搞定的。这个事儿和“腐败”无关，只和沟通的基本特性有关。谈判桌只是负责“沟”的工具，只有餐桌才能解决“通”的问题。

小结

尽管“立场”在沟通中是绕不过的要素，却万万不可过度预设立场，将彼此的关系搞得那么对立。如果你想让自己的立场成立，乃至让对方理解你的立场，那就一定要对对方做相同的事。这就是所谓的共情。

第二节 学会利用情绪：让情绪为沟通服务的方式

沟通的铁律之一是，达到目的后要见好就收，切不可“宜将剩勇追穷寇”，得了便宜还卖乖。

前面提到，情绪化是沟通的误区，要尽量避开这个误区。不过，无可否认，沟通中的情绪化确实难以避免，更不要说彻底排除了。毕竟只要“问题”存在，而且沟通的一方或双方认为这个“问题”与对方脱不了干系，情绪化的反应就是难以避免的。

那么，情绪这个东西是不是可以被有效利用，让它为沟通的目的服务呢？

当然有可能，让我们分析一下。首先，我们必须要搞清楚沟通的目的到底是什么？什么是重要的，什么是次要的。比如说，如果沟通的目的就是为了发泄情绪，通过情绪的发泄获得某种满足感和成就感，那么事情就简单了。你可以让自己的情绪肆意发作，彻底压倒对方，便可大功告成。

这不是开玩笑。其实从某种角度来讲，吵架也是一种沟通方式，而且是生活中必不可少的沟通方式。它的目的就是为了发泄，为自己找回某种心理平衡。其结果未必是“单赢”，也是有可能双赢的，这就是所谓的“不打不成交”。双方都发泄一番，心理平衡了，反而有利于更好地做朋友、做同事，有利于增进相互了解和理解。这总比双方都把不满深深地藏在心里要强。因为隐藏不满和情绪反而会使其愈发膨胀、愈发增殖，量变产生质变，有朝一日终于爆发出来的时候，可能就彻底翻脸了，连朋友和同事都没得做。常言道：小吵怡情。说的就是这个道理。

不过，如果你的目的不在于发泄情绪，而在于解决问题，事情的性质就不同了。这个时候，你要学会控制自己的情绪，请注意，我这里说的是“控制”，而不是“消灭”，让情绪为自己的沟通目的服务。因为只有“控制”情绪，才能做到“运用”好情绪。反之，如果你无法做到“控制”，而是让情绪四处迸溅，那么你的“运用”以及最终的目的都会变成泡影。

举个真实的例子。我曾经给一家公司做过“跨部门沟通”的培训课，课后有一位公司女性高管找到我，跟我说了这么一件事：她有个男下属，是公司里绝对的业务骨干，她本人也非常倚重这位下属。然而，这位下属偏偏是个牛脾气，非常难以“驯服”。每次跟他交代点什么事，双方总要“剑拔弩张”一番，争吵个不休，让这位女上司头痛不已。

她问我：有什么好办法没有？

我答：简单。你让着他点儿不就完了吗？

她立马瞪圆了眼，挺直了脖梗子，气愤地说：凭什么啊？凭什么非得我让着他？他为什么不能让让我呢？即便我不是他的上司，就凭我是个女人，他一个大男人不也应该让让我吗？

哦，原来原因在这里。在这位高管心中，一来自己是“上司”，二来自己是“女人”，所以理应对方让自己。难怪她和下属之间的沟通会这么费劲。因为从一开始，她便把“你应该让我”这几个字写在了脑门上，这玩意儿要是碰到一个恃才傲物、心高气傲的主儿，能有个好儿才叫怪事！

显然，这位上司搞错了沟通的目的，没有真正弄清楚，到底是在沟通中“占上风”更重要，还是“让下属乖乖听话”更重要。

明明下属是个吃软不吃硬的主儿，适当让一让，便可以令其乖乖就范，非要意气用事，在气势上争长短又有什么意义呢？这就是典型的“西瓜”和“芝麻”之间的关系。哪个重要，哪个不重要，一定要分清楚。

遗憾的是，尽管我费尽口舌，也没能成功说服这位女高管，让她接受我的意见。因此，可以想见，一直到今天她和这位得力下属之间的关系也不会有什么改变，依然在周而复始地上演着“情绪对抗赛”，依然日复一日地“痛，并快乐着”。

那么，假设沟通的双方能够做到有效“控制”情绪，又应该如何在沟通过程中对其加以合理运用呢？让我们看一看。如果我们把沟通过程用“上、下半场”来表示，那么情绪化的出场无非有以下 4 种方式：

- 胡萝卜加大棒方式：上半场情绪化，下半场恢复平静
- 以逸待劳方式：上半场保持平静，下半场情绪化
- 全场保持平静
- 全场保持情绪化

让我们来看看这 4 种方式在沟通中的应用场景。

方式1："胡萝卜加大棒"

先说第一种方式。这是典型的"胡萝卜加大棒"的沟通方式，只不过"大棒"在前，"胡萝卜"在后。

一般情况下，沟通中较为强势的一方比较容易采取这种方式。比如在上司对下属或大人对孩子的沟通中，这种方式就比较常见。当然，那种认为自己在沟通中明显占理，而对方明显理亏的人，也会采用这种方式。只不过沟通双方往往都会认为自己是明显占理的一方，因此这种方式也具有一定的普遍性。

那么，这种方式又应该如何应用呢？无非也有两种可能：

- 第一种可能是，主动出击，在情绪化的驱使下保持强势，一直压着对方，直到基本确立优势为止。
- 第二种可能是，主动出击，在情绪化的驱使下保持强势，刚开始占据一定的优势；可是，随着沟通走向深入，逐渐遭到对方的强力反击，从而失去全部或部分优势。

出现上述任何一种情况，都意味着你们之间的沟通已经可以进入下半场了。

在第一种可能的情况下，你要逐渐放弃"大棒"，捡起"胡萝卜"。换言之，要放弃情绪化的表达方式，让自己恢复平静。显然，在这种情况下，放弃情绪化的表现后，你会有一种"一马平川"的感觉。因为你在上半场的情绪化的表现已经给你赢得了较大的转圜空间和战略主动性，这个时候的适度让步会让"通"的结果尽早到来。

那么，第二种可能的情况又会如何呢？会不会让你的立场瞬间变被动，从而让对方压着打，最后彻底丢盔卸甲呢？也不尽然。

一般来说，多数中国人都有"吃软不吃硬"的脾气。这就意味着，一旦他们成功抵挡并最终压制住了你的情绪，让己方占了上风，往往并不会对你穷追猛打，反而有可能主动追求妥协。这就让双方之间“通”的概率大大增加。

当然，如果你不走运，遇到那种得理不饶人、死缠烂打的主儿，也没有关系，认栽就好。然后迅速结束战斗，给自己一个“复盘”的机会。切记，当局面已经失去掌控之时，万万不可恋战，万万不可试图翻盘，那样做只会让你失去得更多。“及时停止”是一门必修的功课，“复盘”也是。退下场来，好好地反思、总结一下，能够让自己更清醒、更自信。有了信心之后再重新挑战不迟。那时你的胜算就会大很多。

想起一个笑话：话说许多人在和别人吵完架之后，常常会觉得哪里不对劲，会后悔自己在某个关键环节没有发挥好——“当时要是这么说，该多好！我怎么就没想到呢？哎！”这种人就是典型的“事后诸葛亮”。

要知道吵架和拍电影一样，是一门“遗憾的艺术”，永远都会留下遗憾，永远不会有真正的完美。要点在于，只要一次比一次好就行。显然，做到这一点的前提是，一定要学会“及时停止”，一定要学会及时“复盘”。

方式 2：“以逸待劳”

当对方来势汹汹，表现得极度情绪化的时候，试图在情绪方面压制对方是不现实的。即便能够成功压制，你的立场也会相当被动。理由很简单，你的情绪是被对方的情绪调动起来的，所以往往会表现得更极端，在非理性的路上走得更远。最后会“有理变没理”“正义变非正义”，把自己搞得异常被动。

因此，在对方已经表现出高昂的情绪化时，避其锋芒、攻其不备，才是真正聪明的做法。

不仅如此，如果你也表现出情绪化，会更加刺激对方的情绪，让对方越发变本加厉，使自己更加疲于应付。换言之，你的情绪会成为对方情绪的强力燃料，使对方高昂的情绪能够维持更长的时间，从而大幅增加自己的痛苦，降低沟通的效率，更不要说达成最终的目的了。这种主动给对方“送弹药”的做法实为不智。相反，如果你能不被对方的情绪所左右，在对方情绪爆发的时候始终保持平静，那么就会有效遏制对方的气焰，让对方在相对较短的时间里控制住情绪。举个形象的例子，如果你举个沙袋让对方打，对方会越打越来劲；可是如果你让对方打海绵或者打空气，那么他很快便失去兴趣了。

换句话说，任何高昂的情绪，都不可能一直持续。情绪来得越猛烈，理论上消失得也会越迅速。之所以高昂的情绪能够维持下去，是因为有人不断地往火中添柴，而那个添柴的人，很有可能就是同样变得情绪化的你自己。总之，“一鼓作气，再而衰，三而竭”，只要你能在沟通的上半场保持平静，便相当于胜券在握了。

剩下的事就相对简单了：等着对方发泄完情绪，进入平静期。此时你可以抓住对方陷入情绪疲劳期的机会，适度表现出一些情绪。要注意，这时候的情绪化一定要适度，要充分掌控分寸感。由于你的情绪是“后发而至”，因此做到这一点应该不难。至少和上来就表现得异常情绪化的对方相比应该如此。如果你做不到这一点，当对方获得片刻休息之后，他的情绪会再度被你勾起，你们将陷入一场痛苦的情绪拉锯战，那样就得不偿失了。

当然，在对方的情绪平静下来之后，如果你认为平静的对话更有利于解决问题，千万不要画蛇添足地采取这种方式。只有当你认为适度的情绪化表现更有利于问题的解决时，才可尝试这样的做法。

那么，在什么情况下适度的情绪化表现才会更有利于解决问题呢？只有一种可能，那就是对方在上半场的情绪化表现已经充分暴露了他的弱点和痛点，从而令你有绝对的把握“一招制胜”。非如此，不要轻易尝试。总之，“情绪”在沟通中所起的作用异常敏感，相当复杂，千万要小心谨慎，不可轻举妄动。

有一点要注意：达到目的后要见好就收，切不可“宜将剩勇追穷寇”，得了便宜还卖乖。这样做很危险，会重新激起对方的情绪化反应。让对方明知自己理亏也要强词夺理，非和你死磕到底不可。这就是典型的“画蛇添足”，得不偿失。

顺便说一句，这个毛病许多人都有，而且还相当严重。明明对方已经认栽，自己取得了沟通的成功，却偏偏愿意穷追猛打、扩大战果，对对方不依不饶，最后导致“煮熟的鸭子飞掉”，让自己后悔莫及。

真正聪明人的做法，应该反其道而行之。在达到沟通目的之后，要及时给予对方安抚。比如适当承认对方在沟通中的合理性以及自己的非合理性，让对方能够挽回一些颜面，等等。不过，安抚对方的时候一定要点到即止，切忌矫枉过正、画蛇添足，以免给对方提供新的由头和弹药，让对方再度发起反击。

总之，一定要学会“适可而止”或者说“及时停止”的本事，绝不能拖泥带水、过度发挥。尤其是在这种目的性极强，而且以短期目的为主的沟通中，更要特别注意这一点。这和我在其他章节中提到过的为了联络上下级或同事之间的感情而进行的“深度沟通”完全是两码事，万万不可混淆。

方式 3："全场平静"

全场保持平静，实属"善莫大焉"。一般来说，沟通中的双方，甚至哪怕只有一方能够做到全场平静，这场沟通以"善果"结尾的概率就会大大增加。

双方都平静自不必说，只有一方平静，另一方情绪激昂也没有问题。正如我在前面所说，情绪这个东西是可以传染的，而且传染的速度相当快。这就意味着即便一方情绪激昂，只要另一方能够持续地保持平静，情绪激昂的一方也会较快恢复平静。这就会把双方带到"彼此都能保持平静"的下半场，从而较为顺利地达成沟通的共识。

当然，前提是情绪平静的一方不可以口出不逊，刺激对方。无论是上半场还是下半场，无论是在对方情绪激昂的时候，还是恢复平静之后，口出不逊都是大忌。因为此时对方的情绪比较敏感，随时都可能复燃或激化，这个时候任何一点小火星都可能引发熊熊大火，因此必须格外注意、格外小心。如果无意中冒犯了对方，要及时表示歉意，及时进行解释。切不可拖延，更不可掩饰或强辩，试图蒙混过关，否则只能越发激怒对方，让局面更加不可收拾。

方式 4："全场情绪化"

如果沟通中的双方均全场保持情绪化，在大多数情况下都会让沟通破产。可是也有例外。如果双方的关系非常好，彼此了解得很深，且两个人都是真性情，那么彻底直抒胸臆，来一次“火星撞地球”般的“情绪大对抗”，往往会收到奇效。会让双方的理解更透，感情更深，关系更亲密。

夫妻之间、亲子之间、上下级之间乃至同事之间，这样的沟通都极具意义，甚至堪称奢侈。就好像洗了一次桑拿，出了一身大汗，这种沟通会让当事人双方痛快淋漓、分外舒适。

当然，完全相反的情况也会发生。本来关系不错，结果大吵一场，从此彻底反目成仇。这样的案例也不少见。

因此说，此方式风险极大，不到万不得已，不可轻易使用。

总之，情绪这个东西能量极大，极具杀伤力；虽然发泄出来很痛快，可后遗症也很严重。所以，驾驭情绪、控制情绪是人生的必修课，必须严肃对待。

小结

沟通和拍电影一样，是一门“遗憾的艺术”，永远都会留下遗憾，永远不会有真正的完美。要点在于，只要一次比一次好就行。而做到这一点的前提是，一定要学会“及时停止”，一定要学会“及时复盘”。

第三节　学会营造氛围：合适的氛围能让沟通更顺利

营造氛围最好的方式，便是不营造氛围。

曾经看过这样一档脱口秀节目。几个嘉宾围坐在一张圆桌旁，探讨一个极接地气的问题：如果你最好的朋友向你借了1000元钱，却忘了还给你，你准备怎么要回这1000元钱？几个人各自表达观点，并且观点各不相同。

有的说：既然是好朋友，而且人家把这事儿忘了，那就不要刻意提醒人家，向人家要这笔钱了。那样做多伤感情啊！反正钱也不多，既然人家忘了，就当送给人家了！换句话说，钱这个东西要不然就不借，要借就要抱着“回不来”的想法，权当“送人”了！如果觉得亏，不想白送人，那就最好从一开始便下定“坚决不借”的决心。如果对方是自己的好朋友，大不了找个借口搪塞过去就行了。

还有的人说：这事儿简单，你也向他借1000元钱。如果他借给你，那么你也假装忘了，不还他。如果他提醒你，你再装作忽然间想起来，跟他提一下这件事。这样的话，两个人等于谁也不欠谁，这事儿也就摆平了。反过来说，如果他不借给你，而是找一大堆借口搪塞你，那么与这种人做朋友就不值得。你既可以和他摊牌，挑明这件事；

也可以认栽，大不了以后谁也不认识谁，大家分道扬镳。反正1000元钱也不算多，不是什么太大的损失。

另外一位嘉宾说：可以这样办，找个机会问对方“当初我借给你的是1000元还是2000元来着？你可千万别还多了，让我欠你的人情！”用这种方法变相地提醒他，既能让他想起这个事儿，也不至于太伤感情……

坦白说，上述几位嘉宾的发言都挺有道理，他们支的招各有各的用途，在现实世界中都可以拿来一试。不过，不管用什么样的招数，这些招数试图达到的目的只有一个：营造合适的沟通氛围，让沟通可以进行得更顺利，得到相对更好的结果。

越是难以启齿的话题，越是敏感复杂的难题，便越需要在沟通时营造氛围，这是沟通的基本常识。这个常识大家都懂，问题是如何做到呢？简单，主要有以下5种招数：

- 单刀直入
- 投其所好
- 借题发挥
- 寻找代打
- 走为上计

招数1：单刀直入

简单明快地端出结论：营造气氛最好的方式，便是不营造氛围。当问题发生时立刻予以解决，而且是当场解决。不去刻意营造氛围，刻意寻找合适的时机、场合与方式。

让我们重新回归最基本的逻辑：为什么沟通需要营造氛围？因为话题很敏感，难以启齿。话题敏感意味着什么？意味着这个话题一旦被触及，有可能刺激对方，甚至伤害对方。那么如何才能减少这样的刺激与伤害？简单，不给对方感受刺激与伤害的时间即可。

换言之，你的反应越快、表达方式越直接，对方越没有时间和空间去感受刺激与伤害，这就等于在刺激与伤害发生之前你们的沟通已经率先发生，问题已经提前解决。即便对方事后回味时依然会有些许的“受伤害”的感觉，然已经于事无碍，基本上不会给你们之间的关系带来太多负面的影响。

就拿“欠债还钱”的例子来说，当你意识到对方已经忘了这码事时，要第一时间当着对方的面（或给对方打电话）捅破窗户纸：我那1000元钱什么时候还？

就这么简单。不要想任何多余的事情，做任何多余的动作。要直插主题，绝不拖泥带水。当然，说这话时的语气不可以让人有“兴师问罪”的感觉，而应该是彻头彻尾“拉家常”的语气。你的语气越普通、越平常，对方的反应也便越自然、越顺畅。这件事便可在电光石火间轻而易举地解决掉。退一步讲，即便你的单刀直入让对方有些许尴尬或惊讶的感觉，只要你的反应够自然、够平和，这种尴尬与惊讶也会被控制在最低限度。

不仅是朋友间的“欠债还钱”，即便是团队当中异常敏感的“涨薪交涉”，这一招也非常灵验。具体来说，当你有了这种交涉需求时，千万不要犹豫，直接在上司面前捅破就好：我觉得目前的薪酬水平不符合自己的心理价位，也与自己对公司的贡献不相称，应该调整一下。

当然，这样做的前提是你的理由要充分，要能够在上司面前进行一番完整的、有分量、有力量的论述。如果你没有这个自信，最好不要轻易捅破这个话题。同样的道理，如果你的上司也能做出一番同质量、同分量的论述，有力地驳回你的观点，无论你是否认可上司的论述，也必须选择接受。因为这是一个职场必须遵守的游戏规则。除非你下定决心离开公司，否则“无条件接受”就是你应尽的义务。

不过，甭管怎么说，在这个极度敏感的议题上，你处理得越直接，越坦然，你与上司之间的沟通便会进行得越顺利，副作用和后坐力也会越小。即便收不到预期的效果，也不会有什么大不了的后遗症，可以确保你全身而退。

另外，一定要记住：一旦你接受了上司的论述（无论是否发自内心地认可这种论述），从此往后最好偃旗息鼓，不要旧事重提，更别说频繁地旧事重提了。

不断地找上司提这个话题，无论你的表现多直接、多自然，也会引发上司极大的反感。会让上司认为你这个人“纠缠不清”“漠视规则”，估计难逃被炒鱿鱼的厄运。

总之，话题以及围绕某个话题进行的沟通本身的敏感度，往往不在于沟通的对象，而在于沟通的发起方。只要发起方“心中无鬼”，沟通本身的敏感度以及沟通对象所受的刺激和伤害就会下降，反之亦然。然而，发起方如何才能做到“心中无鬼”呢？就是要短、平、快。所谓“疑心生暗鬼”，不给自己心中生疑生鬼的时间和机会，一切也便坦荡顺遂，没有那么多叽叽歪歪了。

必须强调的一点是，这一条基本上和人的性格有关。我们常说的那种“直肠子”“真性情”的人比较适合用这招；而那些优柔寡断，总是不自觉地替别人着想，总是超级在乎他人的立场与感受，不自觉地忘记自己的立场与感受的人，使用这招时则比较吃力。因为别人已经彻底适应了他们“优柔寡断”“拖泥带水”的个性与风格，这种人忽然转为“简单明快”“单刀直入”会让大家难以接受，从而蒙受较大的刺激与伤害。不过也唯因如此，这种情况从一个侧面证明了“优柔寡断”“拖泥带水”乃沟通之大敌，必须予以纠正。否则自己不好受，对方亦别扭。横亘在你们之间的许多问题永远悬而不决、“沟”而不“通”，最后必然是两败俱伤的结果。正所谓“长痛不如短痛”，即便性格问题会带来短期的副作用，只要你坚持不懈，时间一长大家也便能逐渐适应，副作用也会渐行渐远，逐渐消弭。那个时候你的个性本身便会从“优柔寡断”转为“简单明快”，而这一“新特性”一旦被大家认可、熟悉，你下半辈子的沟通便可一马平川了。

招数 2：投其所好

没错，并不是所有问题都能够做到“就地解决”。甭管出于什么原因，如果你错过了在问题发生的瞬间立刻予以解决的机会，哪怕仅仅拖延了一天、一个小时甚至一分钟，单刀直入的方式也便不再适用。

举个简单的例子，如果某人不小心冒犯了你，让你感到不快，想和对方“说说这个事儿”。这就需要你瞬间做出反应，当冒犯发生时立刻触及这个话题，这样做便可将沟通的副作用控制在最低限度；否则，哪怕你仅仅犹豫、延迟了一分钟，最佳时机便错过了。你只能重新寻找触及该话题的机会，抑或主动酝酿能够触及该话题的氛围，否则触及该话题将是一次巨大的冒险，最后的结局也恐将凶多吉少。

那么，当你的犹豫不决导致错过单刀直入的最佳机会时，又应该如何营造适合沟通的氛围呢？给你支上一招：投其所好，不着痕迹。两者相辅相成，缺一不可。

“投其所好”很好理解。只有在对方心情好的时候，敏感话题才有比较容易被“脱敏”，因此，寻找或主动制造让对方有好心情的机会，便显得格外重要。不仅如此，“对方心情好”其实在很大程度上与对方无关，而与你自己有关。理由很简单，正因为你觉得话题的敏感有可能导致对方不快，所以才会对沟通本身心生畏惧、犹疑不决。在这种情况下强行捅破敏感话题，首先你自己的表现就会不自然，而你的不自然也必然会影响对方的反应，让对方的表现也变得不自然。这样一来你们之间的沟通便很难顺利进行，很难取得预期效果。因此，无论如何要在捅破敏感话题之前帮助对方营造好心情，这是确保自己保持平常心的前提，而自己能够保持一份平常心，对于顺利触及敏感话题至关重要。

那么，“不着痕迹”又是什么意思呢？简而言之，就是投其所好的过程，要做得尽量自然，不着痕迹。否则不利于你端出那个敏感话题，或即便勉强端出来，场面也会很尴尬、很纠结，最后适得其反。

还是那句话，“不着痕迹”首先是你自己的感觉，你自己不觉得“刻意”，一切便如行云流水一般自然；反之，如果连你自己都觉得很刻意，那么你的表现一定也会很生硬、很牵强，并把这种生硬与牵强的感觉瞬间传递给对方，让你的努力功亏一篑。

总之，“投其所好”也好，“不着痕迹”也罢，归根结底与你自己的感受有关。只要你自己感觉良好，认为自己成功地做到了这两点，你便可以大胆地说出那个敏感话题，信心百倍地将这个话题进行下去。

同样的道理，无论你如何努力，如果你始终觉得自己处理得不够好，对自己苦心营造的氛围没有信心、不甚满意，那么还是暂缓行动为妙。不妨尝试下面的招数。

招数 3：借题发挥

借题发挥、借力打力，也是处理敏感话题的一种有效的沟通方式。具体来说，就是在某个人由于某种原因触及这个敏感话题时，让自己“加个塞儿”，在“不经意”间使自己也成为这场沟通的参与者。

还以“涨薪交涉”为例。如果你自己始终没有信心触及这个话题，就要潜下心来寻找机会。**当其他人提及这个话题时，及时地把自己也“塞”进去。这样做可令你“进可攻，退可守”。如果那个挑起话题的人在其后的沟通过程中进展顺利，你可以坐收渔翁之利；反之，如果沟通过程进行得不顺利，你也比较容易做到浅尝即止、全身而退。**不会有太多的后遗症。不仅如此，即便沟通失败，你的“加塞儿”行为也会让上司明白你的立场和态度，让他对这件事“有感”。这就够了，这样就能为未来进一步的沟通打下伏笔。

招数 4：寻找代打

如果你苦苦等待，仍始终等不到借力打力、借题发挥的机会，可以尝试一下“寻找代打”这个招数。也就是说，找一个与你的立场和观点相同，亦即在某个敏感话题方面和你有着共同利益的人，帮你去捅破这层窗户纸。

这样做也有两个前提：

- 你对对方的利用必须是善意的，利益关系必须是共赢的。换言之，对方要明确知道你的动机，并完全接受。你们之间的互动必须绝对坦承，绝对透明，不可以有任何恶意的、隐秘的因素存在。
- 对方一定要比你更具谈判优势。在人际关系、社交能力、沟通技巧等方面远胜于你。

只有这样，才能确保沟通的过程相对顺利，沟通的结果相对令人满意。否则，如果你损人利己，只是想把对方当枪使，那么无论沟通的结果如何，你都不会有好下场。结果好，你很有可能失去一个朋友，并败坏自己的名声；结果不好，你更是赔了夫人又折兵，“一举两失”。

因此，这一招的前提是：开诚布公、寻找共识、争取共赢。这很能考验一个人的人品和价值观，无论是利用别人，还是被别人利用，都是一个“慧眼识人”的好机会。

招数 5：走为上计

如果你用尽浑身解数，始终找不到触及敏感话题的机会，或即便成功触及，最终的沟通结果也很难令你满意，且这种让你不满的状况已经持续太久，令你痛苦难耐，那么“三十六计，走为上计”不啻为值得考虑的选择。

团队中最忌讳的就是“勉为其难”，尤其是长期“勉为其难”。这样的身心状态不会让你有任何收获，纯粹是浪费时间，因此不妨快刀斩乱麻，让所有痛苦和纠结彻底结束为妙。常言道：树挪死，人挪活。换一个环境，也许能够海阔天空。

不过，有一点要特别注意：如果你已经有了数次“换环境”的经历，却依然对现状不满，依然纠结于某个或某些敏感问题，那么恐怕这些敏感问题的起因在你自己的身上，而与环境无关。这个时候你需要做的是反省自己，而不是推责于他人或感慨“天下乌鸦一般黑”。因为这样做是没有意义的，特别是对你自己人生际遇的改善毫无意义。只要你能学会“内向型”的思维方式，凡事从自己身上找原因，从自己身上寻找改变现状的契机，便总会有奇迹发生。

长期以来，我总是用这样一段话提醒和鼓励年轻的后辈：不要总觉得地球应该围着你转，总是这样想，你的人生会四处碰壁、充满挫折；你要围着地球转，这是唯一正确的思维和行为方式，而且相信我，当你开始这么想、这么做的时候，地球将开始围着你转。

这段话，愿与天下的团队管理者共勉。

不过，至少对沟通这件事来说，当你使尽浑身解数也无法处理某个敏感话题时，选择“走为上”，亦即彻底放弃这个话题，依然不失为一个好办法。

举一个真实的例子，有一位女子，非常讨厌老公打电玩上瘾的坏习惯。认为老公的这个毛病已经严重影响了家庭生活和夫妻和谐。于是乎，二人天天为了这个事儿吵架，严重时甚至发展到家庭暴力。两人的婚姻关系几乎走到崩溃的边缘。要不是因为孩子，女子早就提出离婚或离家出走了。渐渐地，关于“打电玩”这个话题，几乎成了两人之间的一个沟通禁区，变得异常敏感。只要任何一方触及，哪怕是无意识地触及这个话题，都有可能引发一场不期而至的家庭风暴。时间一长，女子也逐渐麻木，开始采取一种听之任之，“爱咋的咋的”“凑合着过”的态度，不再跟老公提这件事。没承想，女子不提了，老公反而有了明显的收敛，不那么热衷于打电玩了。这种戏剧性的变化让女子非常吃惊，老公自己也觉得有些不可思议。其实，这种变化的道理也很简单：老婆表现得越咄咄逼人，老公心里越有抵触和反抗情绪。再加上老婆一再禁止老公打电玩，反而让老公对“打电玩”这个事儿有了更多的兴趣和更深的依赖。“偷着玩”的快感让他欲罢不能、乐此不疲。可是，没承想，老婆最后选择了放弃，不再与他纠缠这个事儿。这就好比一直高高飞起的风筝忽然之间断了线，反而让老公一时间不知所措。他似乎失去了打电玩的重要动机和理由，曾经让他痴迷不已的事物忽然之间褪色不少，没有了当初的魅力。于是乎，一个曾经令夫妻双方无比挠头、无比痛苦的敏感问题，就以这种戏剧化的方式消弭于无形，并给这个小家庭带来一个意外的惊喜。

“涨薪交涉”的案例也一样。对上司来说，你老跟他提这个事儿，他会厌恶；你不说，他反而会替你惦记着。毕竟你当面提过这个话题，他心里也“有感”。因此日后一旦有机会、有条件，他会主动为你做这件事。

所以说，有的时候“放弃沟通”，不再纠结，也许反而是一种最佳的沟通方式。你的“放弃”，会成为无形的压力，反倒会增加对方“重新捡起来”的动机，并促使他们做出具体行为，最终给你一个大大的惊喜。所谓“有一种进攻叫撤退”，说的就是这个意思。

小结

只要你能学会“内向型”的思维方式，凡事从自己身上找原因，从自己身上寻找改变现状的契机，便总会有奇迹发生。

第四节　学会妥协：一定要厘清自身掌握的资源

> “有备而战”是确保沟通成功不变的法门。沟通即博弈，不能总是靠即兴发挥，必须提前做好功课，甚至是沙盘推演。

越是敏感的话题，沟通的难度便越大。因此，要想获得绝对满意的结果是不大可能的，最终一定需要双方在合适的情况下彼此做出妥协。这是沟通的常识，相信大家都能理解。问题在于，在什么时候妥协，以什么样的方式、做出什么程度的妥协，这绝对是一门学问，需要潜心研究一下。

下面，就让我们来聊聊和“妥协”有关的那些事。

从结论上说，“妥协”大体上可分为 3 种模式：对称妥协、不对称妥协和交叉妥协。其中交叉妥协也可以分为对称与不对称两种方式。

模式 1：对称妥协

要想把“妥协”这码事说明白，必须先了解一个概念：沟通能量。沟通能量由这样几种因素构成：资源、动机、理由、心情、技巧等。占有的资源越多、越强势；发起以及结束沟通的动机越强烈，理由越充分，心情越急迫；沟通的技巧越高、越熟练，沟通能量便越强，反之亦然。

沟通能量的不同，决定了“妥协”的方式与程度的不同。一般情况下，能量越强，在“妥协”中越容易为己方谋得较多、较大的利益，亦即“非对称”的利益。不过，也不尽然，也存在例外的可能。比如说，发起及结束沟通的动机越强烈，心情越急迫，有时反而会让己方陷入被动，送给对方“以逸待劳”“以慢打快”的机会。不过，只要沟通能量占有优势的一方持续保持强大的施压态势，一般情况下还是能够得偿所愿，得到一个非对称的、较为理想的沟通结果。这是大概率事件。

举一个简单的例子，就拿市场上常见的“讨价还价”行为来说，如果买卖双方最后达成了对称性妥协，那一定是在沟通能量的某些方面（或者所有方面）做到了平衡和对等。比如在产品质量（资源要素）方面，质量过硬是卖方的优势，反之则是买方的优势；在谈判话术（技巧要素）方面，话术高超的一方占有优势；在成交的欲望（动机要素）方面，相对不急于成交的一方占有优势……

即便是大家熟悉的超级敏感话题“涨薪”这件事，也和沟通能量的诸要素密切相关。比如个人能力、贡献和不可或缺性，与上司（或上司的上司）之间的个人关系（资源要素）；口才（技巧要素）；解决或改善问题的急迫性（动机要素）……只要在这些要素方面保持一个大体均衡，就能达成对称妥协的目的。

换言之，当你准备和一个麻烦的人，针对一个麻烦的话题，进行一场麻烦的沟通时，一定要事先反复检讨自己和对方在沟通能量诸要素方面的优劣长短。如在所有（或大部分）要素中明显处于劣势，这场沟通还是以不发起为妙。因为即便你发起了，恐怕也不会有什么好结果。甚至会有较大的副作用，令你得不偿失、悔不当初。不过，即便如此，也没必要气馁。你所要做的只有一件事：卧薪尝胆，拼命努力，去弥补这些要素的不足。只要你能付诸行动并坚持到底，他日羽翼丰满之时卷土重来即可。这才是在团队中最为正能量的处事方式。

模式 2：不对称妥协

不对称妥协也可分为两种：亦即真妥协和假妥协。

先来说真妥协。这个很好理解：甲做的妥协多，乙做的妥协少，就是一种典型的不对称妥协方式。还是那句话，之所以会发生这样的情况，是因为甲乙双方所占有的沟通能量不均等，从而导致妥协结果的不对称。具体细节前面已经聊过，这里不再重复。

那么，假妥协又是怎么一回事呢？是这样的：所谓真妥协，意味着尽管妥协的结果不对称，但沟通双方还是对彼此做出了真实的妥协，无非是程度大小不同罢了；而假妥协则不然，这意味着沟通中的某一方表面上看似乎做出了妥协，可这个妥协仅仅是一种假象、一个姿态，并没有任何实质性的内容；与此同时，这个假象与姿态却勾出了对方货真价实的妥协，这是不对称妥协中的极端表现方式。

假妥协的发生，有一定的前提条件。首先，当事者双方在沟通能量上存在着不平等；其次，当事者双方围绕一个敏感话题已经进行过多次艰难的沟通，却始终没有达成一致；最后，当事者双方已经尝试过所有沟通方式，陷入“黔驴技穷”的状态时，迟迟找不到新的突破口，导致事态长期僵化。

当然，与其他两条相比，第一条最重要。只要沟通中的某一方具备绝对强势的条件，理论上可以在首次交手中便出此狠招，迫使对方就范。不过，这样做也有一个明显的弊端：草率地使用这种方法，会给对方留下一个过于露骨的“恃强凌弱”的印象，这就会让己方在道义上陷入被动地位，甚至提前泄露己方的动机与目的，从而招致对方的猛烈反击，妨碍沟通过程的进行以及沟通结果的达成。因此，除非万不得已，一定要将这招的三个前提聚齐，而且切忌频繁使用。否则将顾此失彼、得不偿失。

假妥协的具体操作程序是这样的：假设甲方具有绝对优势，乙处于明显的弱势。甲主攻，乙主守。在局面长期僵持不下的前提下，甲忽然发动攻击，向乙提出一个非常过分的要求。乙当然会断然拒绝，而甲保持攻势不变，持续向乙施加强大的压力。这个时候，在道义方面甲会处于弱势、守势，乙则会变成强势、攻势，而且舆论压力也会大体上支持这一基本态势，同情乙，并指责甲。没关系，不要紧，这正是甲所希望看到的局面。当事态进一步恶化后，甲忽然转变态度，主动向乙做出巨大让步，然后再向乙提出“做同等让步”的要求。这个时候双方在道义和舆论上的立场便会瞬间逆转，再一次形成甲主动、乙被动的局面。此时，球被踢到乙方脚下，至少从表面上看，似乎最后结果的决定权完全由乙掌握：接受甲的要求，双方各让一步，大家皆大欢喜；拒绝甲的要求，则乙方就被动了。舆论的矛头会瞬间转向：你看，人家已经让了一步了，你为什么不能也让一步，非要死磕到底呢？这意味着在道义上乙成了“被告”，甲则成了“原告”。万般无奈之下，乙只能选择接受甲的要求，做出同等让步。由此，双方达成对等妥协，事情“圆满”解决。

表面上看，这似乎是一个非常公平、“皆大欢喜”的结局。可事实又如何呢？

相信明眼人已经看出个中端倪。没错，在这场沟通中，乙做出的妥协是真，甲做出的妥协是假。因为甲是先进一步，又退一步，里外算一算，等于“原地未动”；而乙则是结结实实地退了一步。因此看似“对等”的妥协，其实完全不对等。最终的结局是在甲没有做出任何妥协的情况下，乙单方面做出妥协，从而了结了这桩难缠的“官司”。

因此，我不鼓励在沟通中采用假妥协的方式。既然要妥协，这种妥协便必须货真价实，不可掺杂水分。**要想让沟通中的双方都能心服口服，让双方达成的沟通结果能够真正长期有效，得到双方切实的遵守与践行，就必须自始至终保持真诚，秉持“双赢”理念面对自己的沟通对手才行。**否则，即便你利用对手的疏忽占了一时的便宜，对方迟早也会反应过来，撕毁或要求修改双方达成的共识，让你费尽心思得到的沟通结果功亏一篑。

总之，技巧本身没有问题，但技巧的使用不能违背起码的道德底线。否则，技巧越高、越妙，后坐力和副作用便越大，让你吃不了兜着走。

模式 3：交叉妥协

与前几种单议题沟通的妥协方式不同，交叉妥协只存在于多议题沟通。具体地说，就是在一个沟通过程中同时引入两个或更多的议题，让围绕这些议题的沟通平行进行，然后再视议题的重要性以及沟通能量的多寡灵活地做出取舍，确保最重要的议题达成预期目的。

顺便说一句，这种形式的沟通未必从一开始就是多议题，也可以从单议题发动，然后在进行的过程中再逐步引入更多的议题。显然，一般情况下，前者为主议题，后者为辅议题。交叉妥协主要与后者有关，通过后者的妥协确保前者的达成。当然，这并不意味着主议题绝对不可妥协，但辅议题的存在可以确保在主议题上的妥协能够被控制在最低限度。换言之，辅议题就是给主议题打掩护的，通过牺牲辅议题来确保主议题的实现。

那么，交叉妥协是如何操作，又是如何实现的呢？

主要还是由沟通能量来决定。能量强的为主，能量弱的为辅。否则，即便你很看重某个议题，想把它变为主议题，可只要这个议题的能量不够强，你便很难达成目的。因此，如果摆在你面前的主议题沟通能量不够强，你一定要想方设法补足相对弱势的沟通要素，给这个议题充分赋能，才有在沟通中胜出的可能。

换言之，"有备而战"是确保沟通成功不变的法门。在沟通开始前充分分析各方面的要素，然后取长补短、扬长避短，做好最充分的准备，备上最充足的弹药，才可奔赴前线。否则，仅凭自己的一腔热情和一厢情愿是不可能在沟通，尤其是围绕敏感话题进行的艰难沟通中占到任何便宜的。

小结

技巧本身没有问题，但技巧的使用不能违背起码的道德底线。否则，技巧越高、越妙，后坐力和副作用也便越大，会让你吃不了兜着走。

第五节 学会保持耐心：攻守转换的学问

沟通即博弈。谁先出筹码，谁先把筹码用光，谁就会陷入相对被动的局面，反之亦然。

先推后拉，以退为进，也是沟通中的一记妙招。这基本上是“太极推手”的逻辑，是一种“四两拨千斤”的战法。大概的思路是这样的：越是敏感的话题，艰难的话题，在沟通中便越要采取主动，要率先抢到话语权，发动碾压式的进攻，才能一举摧毁对方的防线，让己方大获全胜。这是一般人的心态。尽管可以理解，却有明显的漏洞，能为你制造不少可乘之机。

你不妨这样做：不和对方争抢话语权，主动让对方说个痛快。在此过程中，如果对方说得对，你要虚心接受；如果对方说得不对，也没必要做任何解释，相反要对对方的话表示理解。这样可以有效地促使对方继续说下去，一直到无话可说、筋疲力尽为止。这个时候你可以给对方点上一支烟或端上一杯茶，让对方休息片刻。然后开始进行下面的操作：对对方话中的重点进行归纳总结，并向对方一一确认。如果对方不认可，可以请对方再说一遍；如果对方认可，要再一次表示理解与同情，同时不能做任何辩解。不出意料的话，当你完成这项操作的时候，对方的情绪能量会被耗尽，对你的敌意或警惕心也会松懈。这是一个信号，预示着你可以反击了。不过切记，反击时意图不能过于明显，势头也不宜过分猛烈。态度要尽量温和，言辞要尽量恳切。要做出一副“循循善诱”的样子，一点一点地把你的意图表现出来。如果对方意识到你的意图，再一次激发警惕心并展开反击，你可以将最初的步骤再重新进行一遍：保持倾听，不抢夺话语权；表示理解，绝不辩解。如此反复几个回合，最终的话语权便会彻底归你了。你可以尽情地施展，充分地发挥。记住，这个时候是你的主场，你要将自己的立场和所思所想倾盘托出，不要有任何保留。只要你尝试这样的沟通方法，不敢说百分之百能成功，成功的概率至少也会有七八成。

起码在我个人的职场人生中，这种形式的沟通极少失手。即便偶尔失手，只要你如法炮制，再瞅准机会上演几回相同的戏码，成功的概率依然很大。

“推拉式”沟通法：耐心等待对方锐气的耗竭

一般来说，一个话题，甭管多敏感、多艰难，也会具有鲜明的两面性。具体地说，不可能所有优势尽归沟通中的某一方所有，而另一方则全部都是劣势。或者换个说法：不可能一方全部占理，而另一方完全没理。常言道“一个巴掌拍不响”。任何问题、任何摩擦、任何矛盾，一定与双方的作为有关，不可能只与某一方的作为有关。在大多数情况下，沟通双方手里的筹码是相同或相近的，不会有太大的差距。这就意味着，谁先出筹码，谁先把筹码用光，谁就会陷入相对被动的局面，反之亦然。特别是针对那些高度敏感和艰难的话题而言，由于沟通的时间必然会长一些，过程必然会复杂一些，会更多地发生一些跌宕起伏的情况，因此“先发劣势”和“后发优势”的特点便会体现得更为明显。

在这里，耐心比技巧重要，等待比结果重要。进就是退，退就是进；强就是弱，弱就是强。这就是典型的“太极推手”的技法：先把话语权让出去，再把它抢回来；先把沟通对手拉过来，再把他推出去。在一推一拉之间锁定胜果。

休止符：妥协和共赢是沟通的最佳归宿

还有一点需要特别强调一下。我在前面的文字中反复强调了妥协和双赢在沟通中的必要性，并一再指出，缺乏这两个要素的沟通结果往往不大瓷实，不可持续。不过，这种“推拉式”沟通法可能是一个例外：至少理论上存在这样一种可能，亦即在不产生任何妥协的情况下让你搞定一场沟通，获得一个“单赢”的结果——即便你在沟通过程中一再对对方的筹码表示了理解，但也只是理解而已，不代表你必然会接受它们。

总之，它并不是一场以让对方“心服口服”为目的而结束的沟通，而是通过让对方“理屈词穷”，彻底丧失话语权而结束的沟通。因此对方不会善罢甘休，一定会伺机卷土重来。不过，只要你如法炮制，用相同的技法对付他，他永远都不会占到什么便宜，几番尝试无效之后必然会选择放弃。注意，我这里说的是“放弃”，而不是“妥协”。这意味着最终的结果依然不是双赢，而是“单赢”。而且，由于每一次沟通的发起人都是对方，而不是你，所以即便他识破了你的计谋，依然会在沟通中落败，拿你没脾气。

正因如此，这样的沟通方式只适用于一种场合，亦即对方发起沟通的目的、理由以及在沟通过程中端出的筹码对你而言实在无法接受，完全是无理取闹——尽管对方不这么认为，但你的立场让你绝对无法接受，甚至无法忍受，所以只能这么做。

这也意味着，如果对方的理由和筹码在很大程度上是你能够理解，至少是可以包容的，那么这种碾压式的沟通方法最好还是不要用。还是那句话，只要有一线可能，妥协与双赢依然是给沟通画上休止符的最佳方式。

说到这儿，想起一个电视剧里的桥段。

20 多年前，《编辑部的故事》曾经风靡一时，脍炙人口。在这部剧的第二十三集《娶个什么好》里，有这样一个情节：从小娇生惯养的无业青年赵永刚，被妈妈连拉带拽地来到《人间指南》杂志编辑部，向编辑李东宝和戈玲求助，希望能在杂志的“红娘”栏目里做个征婚广告，找个女朋友。没承想，对结婚、恋爱这些事儿本就兴致不高的赵永刚，却在妈妈离开后和李东宝套起了近乎，对后者表现出一种微妙而浓厚的兴趣。这让李东宝很尴尬，一再回避赵永刚异乎寻常的热情。可执着的赵永刚并没有轻言放弃，终于用自己的坚持和李东宝成了“异姓兄弟”，开始一口一个“大哥”地称呼起对方。

慢慢地，心烦意乱的李东宝开始无心工作，脾气也暴躁了起来。终于，赵永刚的一再纠缠让他忍无可忍，“兄弟”俩因为一件小事发生了口角，李东宝一气之下赶走了赵永刚。后者离开编辑部后居然要去楼上自杀，这可吓坏了东宝和编辑部的同仁，大家连劝带哄，齐心协力救下永刚，把他架回了编辑部。李东宝明白，自己眼前的这个“弟弟”，是一个心理脆弱，“温室”里长大的孩子。要想让他回心转意放弃自杀的念头，来硬的肯定不行，必须来软的。

于是，他给戈玲使了个眼色，两人决定唱一出“双簧”。他俩把话语权完全交给永刚，让他尽情哭诉，将心里的想法全部倒出来。赵永刚也没客气，对着两人是一通数落。

李东宝眼珠子转了转，说出这样一番话：我错了，向你道歉。你的话教育了我，给我上了一堂生动的做人课。我在反省，为什么对待陌生人我可以做到彬彬有礼、以诚相待，而对待亲人、好朋友时却不能一视同仁呢？还是吃准了亲人、好朋友不会翻脸这一条。说明我思想麻痹了，以为既然是亲人、好朋友，就不必设防了，是什么样就什么样了，结果很快就暴露了。

表面上看，李东宝这么说似乎是为了迎合赵永刚，而实际上这里面却暗藏机关：从本心讲，李东宝确实是因为讨厌赵永刚，才会对他的态度那么恶劣，而此番表态却发出另一个完全不同的信息：对你不好，恰恰是因为没把你当外人。这就等于结结实实地将了赵永刚一军。

说实话，赵永刚的目的确实有些不纯：明明是干扰了人家的工作，当人家表现出不满时却率先出击，以自杀为由要挟对方，逼着对方承认错误，并改变对待自己的态度。这几乎就是“恶人先告状”，等于让对方无条件地接受自己的骚扰行为，无条件地纵容自己的任性。

可惜，道高一尺，魔高一丈，想那李东宝是何等人精，怎可轻易就范？这不，不知不觉中便连消带打，给他一个软钉子吃。

赵永刚隐隐觉得有些不对劲，却又不知该如何反驳。就在这时候，聪明伶俐的戈玲又及时“补刀”，搭上了话茬。她先就势埋怨了李东宝几句：没错，没错，你这“窝里横”的毛病确实该改改了。无论什么时候，对同志、亲人、朋友，“客客气气”这面大旗不能丢，丢了就出乱子。

这就等于进一步坐实了李东宝之所以对赵永刚态度不好，是因为“没把永刚当外人”这一条。

随后戈玲话锋一转，又对着赵永刚说道：人嘛，念过书或没念过书，有文化或没有文化，都是人，是人就有毛病和缺点。李编辑和我都是人，所以也不例外。那么对待这种毛病和缺点时，无非有两种态度，一个是原谅，一个是不原谅；这就看提意见者的动机，是善意的，还是恶意的。我认为李编辑的情况属于前者，力争得到大家最满意的结果。这在他来说已经很不容易了。你在他这把年龄啊，说不定还在你妈面前撒娇呢！而他已经独立挑起生活的重担，操心天下的兴亡。所以你不该再给他提更多的要求，他肩膀上的担子已经够重的了。咱们不能为他分忧，起码别再给他添乱。雪中送炭，不釜底抽薪，这是最起码的做人的道理。你说是不是？

戈玲这招，表面上看是为李东宝解套，其实已然在不经意间调转了剑锋，直指赵永刚之非（暗示他“不懂做人的道理”，其所作所为完全是胡搅蛮缠、无理取闹），戳中了他的痛处。

两个人的精妙配合，瞬间改变了沟通场上的形势，让赵永刚完全失去了话语权，重新站上“被告席”。

果不其然，戈玲的一席话彻底把赵永刚说晕了。他摊开双手喃喃自语：这么说，这么说还是我错了……哎，刚才我还占着上风呢！这是在哪儿转的弯儿啊？

戈玲不依不饶：你这么说就不对了。咱们这是讲道理，又不是比谁占谁的上风！

赵永刚看出大事不妙，知道自己已经无法翻盘，于是企图临阵逃脱。李东宝拦住赵永刚，把他拽出编辑部。两人来到一条小河旁，倾心交谈了大半天。显然，这时的赵永刚已经彻底没了脾气，只有乖乖“受教育”的份儿了。

经过不懈努力，李东宝终于摆平了这个难缠的“弟弟”。让他放弃了一系列任性的念头。

东宝和戈玲玩儿的这招，就是典型的“推拉战术”——先把话语权“推”出去，再把它“拉”回来；先把莫须有的罪名和无须承担的责任“拉”回来，再把它们“推”出去。

这样一推一拉之间，对手就会在不知不觉中被逼到墙角里，再也无路可退，再也没有还手的能力，更别提反击了。

当然，《编辑部的故事》是一部喜剧作品，采用了许多略显夸张的黑色幽默的表现方式，我们没必要过分追究剧里某些细节的合理性。可至少这个令人印象深刻的经典桥段还是有些启发性的，让我们得以管窥“太极推拉式”沟通技法的威力。

必须强调的一点是，往往针对敏感话题提出一些过分要求的沟通对象，其知识储备和见识水平都是有限的。说得直白一点，就是这些人的综合素质往往相对较低，有明显的短板。这就意味着哪怕他们的嘴皮子再厉害，脑袋瓜子再好使，他们闪转腾挪的空间也必然是相对狭窄的，蹦跶不到哪里去。因此，只要你能顶住他们最初的“三板斧”，掌握沟通的主动权还是相对容易的。当然，前提是你的知识储备和见识水平要比对方好，视野要比对方宽，思维能力要比对方强。一句话，你的综合素质一定要胜过对方，否则十有八九会被“三板斧”搞蒙，到最后也占不到什么便宜。

下一回，当你再碰上一个对你提出不合理要求，且不停地死缠烂打、纠缠不清的难缠亲友、刺头儿员工或刁蛮客户的时候，相信你就知道应该怎么做了。

小结

有的时候，沟通中的耐心比技巧重要，等待比结果重要。进就是退，退就是进；强就是弱，弱就是强。

第六节　学会走好第一步：职场新人的沟通之道

对职场新人来说，千万不能“高开低走”，一定要尽力做到“低开高走”（亦即“渐入佳境”），最不济也要争取“平开平走”。

开门见山，问你个问题：职场新人应该如何沟通呢？

也许你会感到有些莫名其妙：这个问题还用问？当然是“谦虚、低调、积极主动”了！你想啊，作为一个新人，要是在和公司同事的沟通中连这几点都做不到，那还怎么混啊！

这个回答很经典。一般认为，职场新人初来乍到，人生地不熟，因此最好的沟通方式就是谦虚一点、低调一点、嘴甜一点、积极主动一点。有不懂的东西要勤问，和别人说话的时候要客气，时不常地要奉承，一定要表现得有眼力见儿，要会来事儿，这样才能招人待见，以最快的速度融入新的集体中去。

正因为这种想法太过平常，太过理所当然，几乎不会有人提出任何质疑，所以职场新人的沟通问题，基本上就是一个“伪命题”，不会得到多大的关注。可问题恰恰出在这里：正因为缺乏关注，所以绝大多数职场人都不同程度地忽视了新人阶段的沟通问题，在沟通实践中采取了千篇一律的方式，从而给自己之后的职场生涯埋下无数隐患，在未来的日子里深受其害。

因此说，沟通问题真的很重要，万万大意不得。必须从迈入职场的第一天起就要引起你的高度重视，否则将后患无穷。那么，作为职场新人，到底需要掌握什么样的沟通要领呢？

首先，一个大前提是，千万不能“高开低走”，一定要尽力做到“低开高走”（亦即“渐入佳境”），最不济也要争取“平开平走”。

显然，前面提到的那些职场新人的所谓“沟通常识”，很容易带来高开低走的结果：对新人来说，“谦虚、低调、主动积极”似乎是职场“标配”；可问题是，如果有一天你不再是新人，这些“美德”还能保存下来吗？如果答案是否定的，这是否意味着当你有一天从“新人”熬成了“熟人”，甚至是“老人”的时候，是不是就可以“翻身做主人”，从此“骄傲、高调、被动消极”了呢？如果答案是肯定的，那么你认为你在职场中的人缘和境遇是会变得更好，还是更坏？

对于这一点，相信每个职场人都心里有数。这就是典型的“高开低走”现象——一开始，你的低调和积极会给所有人留下一个好印象，他们会这样想：“这个人真会做人，有前途！”可随着对环境越发熟悉、越加适应，你的态度开始发生转变，开始变得高调和消极，这就会彻底颠覆同事们心中的好印象，他们会这样想：“哦，原来这个人从前的样子都是装出来的！真阴险！小人一个！”

不仅如此，更糟糕的情况在于：你在新的职场中适应得越快，取得的成绩越大，晋升得越迅速，你在新人时期的那种低调、谦和与积极便会遭到越多、越强烈的诟病，给你带来更多、更大的麻烦。

显然，这样的职场生涯曲线，不会是你希望看到的样子。

其实，你的同事还真是冤枉了你。你并不是什么小人，也完全没有任何阴险的特质，你只不过做了一件你认为理所应当的事儿而已：在新人阶段，要尽量“夹着尾巴做人”。没错，这个东西确实有点“装”；可这种“装”是一个常识，地球人都知道；并不是我一个人会这样，每个人都会这样啊！这又有什么问题呢？不过，初来乍到，人生地不熟的时候可以“装”一点，彻底熟悉了环境之后，还有什么“装”的必要？难不成做新人的时候要“夹着尾巴做人”，都混成老人了还要“夹着尾巴做人”？那多累啊！

可以理解，你有这样的想法很正常。你说得不错，基本上每一个职场人都是这么走过来的，板子确实不该只打你的屁股。现在的问题是，尽管每个职场人在新人阶段都会或多或少地“装”，可之后的职场生涯也都会或多或少地为“装”付出代价。明摆着的，即便是你自己，当你有一天成为一个资深职场人时，也会对后辈的“高开低走”现象嗤之以鼻，也会以“小人一个！”来形容这些后辈，并会想办法给他们添点堵，让他们在职场中为自己的“小人行为”付出代价。尽管同样的事自己也曾做过，同样的代价自己也曾付过。

所谓“千年媳妇熬成婆”，就是这个道理：所有的媳妇儿都会在成为婆婆之后重复当年婆婆对自己做的事。真是“冤冤相报何时了”！

因此，如果你不想付出这个代价，最好从现在开始重新检讨一下你的沟通方式，让自己未来的职场之路可以走得更顺遂一些。

掌握了不能“高开低走”的大前提，下面来介绍一些具体的操作技巧。

忠告1：不能过于低调、谦虚

低调、谦虚是美德，问题是你能将这种美德持续多久。如果你的低调和谦虚至少在很大程度上是“装”出来的，那么有一天当你再也“装”不下去的时候会发生什么？相信你一定比我清楚。因此，适度的低调和谦虚固然没问题，但发力过猛则会适得其反。你一定要为将来着想，将新人阶段的低调与谦虚尽量控制在“大体可持续”的范围内。换言之，如果你隐隐觉得这种低调程度将来可能未必扛得住，那么从一开始就需要做出适当的调整，为将来可能发生的变化留出一点回旋的余量，省得将来“大变脸”（亦即不再低调）的时候让同事们“惊诧莫名”，难以适应。

忠告2：不宜过于主动积极

主动积极是没有错的。问题在于这样的主动积极程度是否可持续。如果你天生就是一个热情而勤快的人，能自然而然地做到高度的主动积极，那么从一开始便将你的一腔热情彻底挥洒出去当然没什么问题；可是，如果你在生活中就是一个不折不扣的懒汉，为了给职场同仁留下好印象才勉为其难，刻意装出一副主动积极的样子，那你可就危险了。迟早有一天，你的能量会耗完，你的热情和积极性会撞上天花板，并直线下落，那个时候同事们对你的观感会有什么样的改变，你要心中有数。其实，即便你天生就是个热情似火的勤快人，我个人建议，在新人阶段你只需发七成力就行。理由很简单，人们在初始阶段往往容易发力过猛，即便你的能量确实取之不尽，用之不竭，是上天赋予你的财富，将这样的发力程度长期持续下去也确实太辛苦、太勉强。他日一旦顶不住了，发生任何能量耗损现象，你都有可能步上“高开低走”的不归路。因此，即便你的能量爆棚，有充足的储备，也不妨徐徐图之，不宜一次耗尽。这才是一种渐入佳境的状态，是典型的“低开高走”。一个人如果能画出这样的职场曲线，他的职场人生必然分外妖娆、异常完美。

不过，有一点需要强调一下：发七成力，尽管是一种省力的做法，可并不等于偷懒。偷懒可是职场中的大忌，一旦染上这个坏毛病，你的职场生涯就会彻底完蛋。因此，在“适度保留”和“不偷懒”之间寻找平衡，是你必须完成的功课，万万大意不得。

总之，以上两条告诉了我们一个真理：对职场新人来说，最好不要“装”。你是什么样就什么样，只要没有过分异于常人的地方，没有过分偏激的地方，采取等身大的自然态是最好的沟通方式，也是最理想的自处方式。

这样做的好处有很多。一来可以让自己更舒适一些。自己舒适了，别人才会更舒适；二来可持续。这就是自己的本性，是毫无矫揉造作、浑然天成的东西，因此能长久地保持下去。而“前后一致”“始终如一”是职场中的美德，是“会做人”的表现，你的同事们会对此予以最大的尊敬和配合。这就会让你的职场生活过得更舒服，职场之路走得更顺利，是为上策。

退一步讲，如果你身上有许多重大缺陷，有许多异于常人、非常极端的地方，完全靠“装”，成功地将其隐藏一辈子的概率也无限接近于零。这些缺陷迟早会暴露出来，让你吃不了兜着走。既然如此，不如在正式踏入职场之前便将这些重大缺陷尽力解决掉，让自己轻装上阵。否则你的职场生涯将注定颠沛曲折、危机四伏。

事实上，那些在职场中真正吃得开的人，真正能够获得上至老板下至普通员工一致信任的人，往往都是一些真性情的人。他们能够始终如一地将自己的自然状态不露痕迹地呈现出来，既不刻意夸大，也不故意缩小，因此让人放心、招人待见、令人信赖。这才是典型的“会做人”。

忠告 3：不是所有勤问都能给你加分

这是职场新人唯一需要“装”的地方。为什么会这样？

让我来解释一下：大多数人都会错误地认为，作为一个新人，一定要“勤问”。有不懂的地方就要问。这既是一种态度的表现，也是一种现实的需要——问得越勤，这个人就会显得越谦虚，越上进，越会做人；问得越勤，掌握工作技能的速度就越快，上手就越早，越容易成为一个可用之才。

诚然，在职场中“不懂装懂”是一个大毛病，特别对新人来说更是这样。如果你明明不懂还要强行上手，捅了娄子麻烦可就大了。虽说懂的人和不懂的人都有捅娄子的可能，可是懂的人捅娄子，会被人看成“偶然的失误”“猴子也会从树上掉下来”，因此很容易被人原谅；可是不懂的人捅娄子，则会被人看成“素质差”的表现，因此“罪有应得”，不易被人原谅。因此，即便是完全相同的失误，不懂的人所受的责罚要明显大得多、严重得多。他们会遭到上司或前辈严厉的斥责：既然不懂，为什么不问？你是怎么当职场新人的？

言外之意：职场新人，就应该多问、勤问。可问题在于，如果你真做到了这一点，遇到不懂的事情便随时提问，你的上司和同事们又会怎么看待你呢？真的会觉得你“懂得了职场新人之道”，开始变得“会做人”了吗？真的会向你竖起大拇指，由衷地夸赞你吗？

如果你这么想，那你就太天真了。事实的真相是：如果你是一个“勤问”的职场新人，大概率事件，你的上司和前辈们会更瞧不起你，而不是更尊重你、看重你。即便他们嘴上会说“嗯，不懂就问，不错”，心里也会想“这人整个儿就是白痴、低能儿，是谁把他招进来的”。

没错，职场就是这么现实的地方。所谓“丛林法则”在一定程度上是通用的。优胜劣汰，或者说“重优轻劣（强者受尊重，弱者遭鄙视）”在某种意义上这是职场的常态，没有人能够幸免。尽管有些残酷，可现实就是现实，你回避不了。因此，作为一个新人，如果你问得太勤，无时不问、无事不问、无处不问，并不会被人视为一种美德，反而会被看成一个麻烦，甚至是大麻烦。非但不会受人尊重，还会遭人厌烦。这还是好的，最糟糕的情况在于，过于频繁的提问，会让人质疑你的智商和情商，怀疑你的职场经验，从而发自内心地瞧不起你。一旦遭到上司和前辈的鄙视，你这职场生涯的第一步就算彻底砸了。除非你在之后的日子里，逆境崛起，做出一番“惊天动地”的业绩来，否则这种鄙视和成见很难被改变，会让你的职场生涯过得极其艰难，分外坎坷。显然，这样的职场曲线绝不是你希望看到的样子。

既然如此，你就要及时变招，重新考虑一下“职场之问”的基本逻辑和具体操作的方式方法。一般来说，“职场之问”有几个维度：常识类和知识类、专业类和非专业类。对职场新人来说，常识类和非专业类的问题尽量不要问。这类的问题最好私底下解决，暗自下功夫。

知识类和专业类的问题，可以问，但要少问。这类的问题也最好在私底下解决，解决了之后，再“装”出一副没彻底弄明白的样子，向前辈或上司提问。

理由很简单：如果你在没搞明白的情况下问，有可能别人告诉了你，你还是没弄明白，这就会让人瞧不起。在搞明白了之后，再“装”着问，可以在对方告诉你之后，立刻表现出一副“弄明白了”的样子。一来让对方觉得自己“教得好”，二来让对方觉得这个后辈“悟性好”“有前途”“值得栽培”，可谓“一举两得”。反之，如果你在知识类和专业类的问题方面完全不发问，而是在私底下搞明白之后立刻上手，并干得很漂亮，容易让前辈们觉得这个后辈“锋芒太露”“攻击性太强”，从而令其反感，甚至激起他们对你的戒心，那就得不偿失了。虽说来自同事们的“羡慕、嫉妒和恨”可以给自己带来片刻的成就感，可这样的成就感至少在职场新人阶段完全没必要，弊多利少。

因此，对职场新人而言，适度的“问”还是必要的；只不过，“问”的方式方法要考究，否则后患无穷。

说到这里，想起一个真实的故事。

我的外甥女苗苗曾经在某家著名的省级宾馆谋得一个人事部副经理的职位。这让她分外兴奋，摩拳擦掌，准备大干一番。一进职场，她便表现得很活跃，一有不懂的地方便频繁地向前辈同事发问，以为这样做会给对方留下一个“勤学好问”的好印象。

没承想，同事们对她的观感却一日比一日差，慢慢地，她开始感受到一种明显的职场冷暴力：前辈们会时不时地对她冷嘲热讽，并在上司面前不停地说她的坏话，让后者也开始对她不再待见，时不常地给她找点麻烦，令她苦恼不堪。苗苗百思不得其解，不知道事情为什么会变成这样，不清楚自己到底哪里做错了，会让同事们对自己有这么多、这么大的成见。

终于有一天，她好像搞明白了事情的真相：一个偶然的机会，她偷听到同事们的一段对话，大概其的内容是说“这个人连起码的 PPT 和 EXCLE 表都不会做，是怎么混上部门副经理的职位的？”

原来，苗苗接了一项工作，需要大量用到 PPT 和 EXCLE 表，而在这方面她确实是生手，不太会弄，于是非常勤快地向同事发问，而且也很快掌握了具体的做法，成功搞定了那项工作。

本来事情过去了，她也没在意。没承想这件事却留下不小的后遗症，成为同事们讥笑的把柄。

这让她很吃惊。冥思苦想之后才恍然大悟：显然，PPT 和 EXCLE 表是职场中的“非专业类常识”。也就是说，第一，这些技能和人事专业没有直接关系，是职场中的通用技能。第二，这些技能不是什么高深莫测的东西，而是职场人士必须掌握的基本常识。

因此，连这样的非专业类常识你都不会，很容易让同事们瞧不起，觉得你是一个低能儿。这样的低能儿居然上来就能当部门领导，必然会让周遭同事心理不平衡，从而激起他们的逆反心理，导致职场冷暴力，甚至职场欺凌的发生。

明白了这一点，苗苗心里有了谱。从那以后，她开始管住自己的嘴，不再向任何上司或同事发问。所有不明白的地方，都拿回家去自己琢磨，或者在日常工作中向别人“偷师”，通过这样的方式搞定那些工作中必须要用到的技能和知识。

后来，她终于靠自己的力量掌握了一个异常专业、极其烦琐的人事关系网络处理系统，这才让同事和前辈们刮目相看，勉强扭转了职场中的劣势。不过，这已经是一年后的事情了。显然，长达一年的职场霸凌和冷暴力还是深深地伤害了她，使她心有余悸，始终对这家公司爱不起来。反复考虑之后，她选择了离职。可以想象的是，在她离职的时候，没有任何同事送行，甚至连微信也没有任何反应，就好像这个人和这件事从来没存在过一样。

这令她感慨万千，一直到今天都耿耿于怀。每提及此事都会眼圈泛红、如鲠在喉，始终无法释然。可见"职场之间"的分寸感如果把握不好，对一个新人会造成多么严重的伤害。

当然，苗苗的遭遇未必仅仅是由于这一个原因，可是职场生涯的第一步没走好，确实副作用太大，极容易形成"成见"，事后极难弥补，这也是事实。相信她的遭遇许多人都曾亲身经历过。既然已经吃了这么多亏，那么不妨换一个方式，选择重新来过。

总之，职场曲线一般来说只有两种方式，一种是"下坡路"，一种是"上坡路"。

一开始就是最高峰，剩下的路就只有下坡路了；

一开始在山脚下，然后逐渐往上爬，就是典型的上坡路。

这就是高开低走和低开高走的区别，是盛极而衰和渐入佳境的区别。孰高孰低，孰优孰劣，一目了然。

毕竟职场之路不是一条只走两三天，而是需要走一辈子的路，关键在于"可持续"。这一点明白得越早，你就越能画出一条完美的职场曲线。

小结

对职场新人来说，最好不要“装”。你是什么样就什么样。采取等身大的自然态是最好的沟通方式，也是最理想的自处方式。

第八章

跨部门沟通：
如何理顺利益纠葛问题

第一节 破题："跨部门摩擦"的因与果

既然跨部门摩擦的要害在于"没把别人的事儿当自己的事儿"，那么理论上只要能做到"把别人的事儿当成自己的事儿"，跨部门摩擦自然就从源头上被根绝了。

跨部门沟通，也是与团队有关的极其重要的沟通形式。无论是对于高层管理者，还是对于基层管理者，甚至是对那些普通一线员工来说，部门间的沟通问题常常会成为压在他们心头上的一块巨石，是日常工作当中的头等大事，也是头等难事。

跨部门摩擦是任何一家企业必然会发生的常态现象。显然，跨部门沟通是破解跨部门摩擦的首要方法，这个问题是否能解决得好，不仅决定了企业的效率，甚至能够决定企业的生死存亡。

根治拖延：承认部门利益的合理性

跨部门沟通之所以重要，是因为公司是一个整体、一个团队。每个部门之间有着千丝万缕的联系。谁也不可能单独存在、自我圆满。

许多事情不是你想做好就能做得好，如果兄弟部门不配合，甚至拖后腿，纵然你有天大的本领也动弹不得。尤为要命的是，这种部门之间的相互关联无所不在、无处不在、无时不在，你必须天天与之打交道，时时刻刻受其困扰，以至于久而久之成为一块心病，令你不胜其扰。

跨部门沟通之所以艰难，是因为每个部门都有自己的利益，自己的难处——当本部门的利益无法与兄弟部门的利益达成一致时，它就会成为难处。大家各有各的难，自然也便很难互相配合、互相协作。于是就会产生大量的问题，就会形成各种各样的跨部门摩擦，于是就需要进行跨部门沟通。只不过因其“难”，所以这样的沟通往往很难达成妥协，拿出成果，甚至是结果。十有八九会无果而终、不了了之。

没错，如果你够诚实，你会老实地承认，绝大多数需要跨部门沟通解决的问题，最后都以“不了了之”而终结。这样的“结果”最大的弊端在于，跨部门摩擦——需要跨部门沟通解决的问题，还会“一而再，再而三”地发生，“一而再，再而三”地拖所有人的后腿，然后“一而再，再而三”地“寻求解决”，“一而再，再而三”地“不了了之”……这就是一个典型的恶性循环。

顺便说一句，许多人往往试图用“公司一盘棋”的理念解决跨部门摩擦和跨部门沟通的问题（亦即部门的利益是短期利益，公司的利益是长期利益；只要公司的利益得到满足，部门利益迟早也会得到满足——舍小家，顾大家，归根结底还是为了顾小家）。殊不知这个理念在跨部门沟通中几乎没有什么实际意义。理由很简单：大道理谁都懂，而且也能做到发自内心的认可。可是对某个具体部门来说，短期利益近在眼前，是每天都要面对的东西；而长期利益远在天边，没准儿猴年马月才会得到，甚至不知道是否真能得到的东西。偶尔一两次为长期利益牺牲短期利益当然没问题，把这种牺牲变成家常便饭那可不行。那样的话日子就完全没法过了。

因为我们不能骗自己，心里明明知道短期利益很重要，却偏偏要一厢情愿或者违心地去宣扬长期利益，宣扬对短期利益不切实际的牺牲。抱着这样的心态去面对跨部门摩擦与沟通，恐怕只能让事态更加恶化，而不是改善；让摩擦愈发激烈，而不是轻缓，是事倍功半的傻办法。

所以，跨部门沟通的秘诀就在于：对短期利益予以充分理解，发自内心地承认其是合理的，甚至是必然的。在这样的基础之上，想方设法利用杠杆原理撬动短期利益，让部门间的摩擦自然消解，一劳永逸地从根本上解决问题，让相同的摩擦尽量不再发生。

那么，在跨部门沟通中，都有哪些杠杆可以为我所用呢?

为了弄明白这个问题，首先我们要了解一下“跨部门沟通”的本质。

从根本上说，任何跨部门摩擦都是可以被解决的，甚至所有跨部门摩擦原本就不该发生。理由很简单，既然跨部门摩擦的要害在于“没把别人的事儿当自己的事儿”，那么理论上只要能做到“把别人的事儿当成自己的事儿”，跨部门摩擦自然就从源头上被根绝了。

这里面存在一个情分和本分的问题：帮你解决，是情分，你应该表示感谢；不帮你解决，是本分，你不该有任何抱怨。

其实，部门间的摩擦往往并没有什么天大的理由，只要人家想解决，彻底认了真，没有什么摆不平的事。问题在于，这个事“值不值得”人家这样做?

所以，解决跨部门沟通的问题，所有的焦点都应该指向这几个字：

值不值。

让对方觉得“值”，问题立马消解；反之，如果人家觉得不值，你就算说破大天儿去也没用。

举一个生活中常见的例子。你们家门口有两袋垃圾，刚好邻居出门扔垃圾。你希望对方能帮个手，捎带着把你们家的垃圾也扔掉。这时对方的反应无非有两种：以“两只手都占着”为由拒绝帮忙；或者答应帮你的忙，无非是每只手多拎一袋而已。这两个选择对对方来说都不难，而且逻辑都说得通，让人无可指摘。选哪个，抑或不选哪个；做不做，抑或做到什么程度，完全在于对方认为值或不值，与这个事儿“能否做”，或“能否做好”没有一毛钱关系。

总之，跨部门摩擦也好，跨部门沟通也罢，这种事往往弹性极大，个人意志所占比例极高——人家帮你是情分，不帮你则是本分。一切都在“值不值”“愿不愿”这几个字上面。对这一点，务必要心中有数。

跨部门沟通三要素：动机、方法、精力

我认为，在跨部门沟通中存在这样三个基本要素：动机、方法和精力。

人家愿意干，才会主动积极地配合你，主动积极地想办法，才舍得拿出大量的精力去做事，去帮你的忙。否则就会敷衍、偷懒，让事情做不成。而且你还拿他没脾气，没法在领导面前告他的状。因为人家的理由比你充分，你扳不倒人家。

可见，归根结底，“动机”是最基本的要素，而这一要素与利益

相关。

小结

我们不能自己骗自己，心里明明知道短期利益很重要，却偏偏要一厢情愿或者违心地去宣扬长期利益，宣扬对短期利益不切实际的牺牲。

第二节　软硬结合：如何提高跨部门沟通的效率

让对方欠你一个人情，到时候想不帮你都不成，不帮你良心和道义上都过不去。只要能把事情运作到这种程度，任何跨部门摩擦都能轻易解决。

那么，如何才能在跨部门沟通中让对方更容易接受你的意见，愿意主动配合你，积极地想办法，并拿出足够的精力去解决问题呢？

搞定这件事，主要有软和硬两种模式，成文的和不成文的两种方法。

措施 1：培养互助人情

亦即培养私人之间的感情。这是一种软方法，主要诉诸职场中的不成文的规则。

具体地说，既然兄弟部门的配合，对你的工作有至关重要的影响，那么平时你就要尽量多和人家培养培养感情，多套套近乎，给一个让人家在关键时刻“拔刀相助”的理由。换言之，你想让别人帮你，平时也要多帮别人。特别是在那种让你特难受、特痛苦的事情上，只要有一线可能，也要毫不迟疑地伸出援手。这样就能让对方欠你一个人情，到时候想不帮你都不成，不帮你良心和道义上都过不去。只要能把事情运作到这种程度，任何跨部门摩擦都能轻易解决。

特别需要注意的一点是：除非万不得已，在这种事儿上尽量不要摆官腔、拿官调，动辄把公司的制度和上司的威严拿出来压制对方，强迫对方配合你。

这样做风险极大。先不说人家是否会用同样的理由反击你，即便人家愿意配合，如果在配合过程中给你做手脚、使绊子，恐怕也会让你应接不暇、无比头痛，消耗你大量的精力和效率，实在是得不偿失。

所以说，职场中的不成文的规则未必都是坏东西，未必都是充斥着负能量的、不健康的东西。只要能利用得好，不成文的规则也可以充满正能量，爆发出巨大的生产力，让团队氛围更健康，让大家的关系更和谐，让所有人的工作效率更上一层楼。

这就是所谓的“懂共情”。

如果你不反感共情，那么就一定不要贬低、不要看不起职场上的不成文的规则。

措施 2：利益捆绑，或利益交换

俗话说“无利不起早”“天下熙熙皆为利来，天下攘攘皆为利往”。部门之间之所以会发生摩擦，在很大程度上是利益冲突使然，既然如此，解决问题的思路也肯定离不开“利益”二字。主要有两个手段：

利益交换和利益捆绑。

先来说说利益交换。这主要是一种软手段、不成文的规则。既然你有求于兄弟部门，那么就一定要让对方也能有所收获，不能白帮你的忙，不能指望“空手套白狼”。用“公司一盘棋”的大道理强压对方，尽管在道义上说得通，可实际操作起来往往没什么效果。基本上是自欺欺人之举。所以方法很简单。部门与部门之间也要交朋友、做哥们儿，不能把关系搞得那么“正式”，那么严肃，那么紧张。你帮我一回，我帮你一回；投之以桃，报之以李，关系才能长长久久。搞好了彼此的关系，就没有摆不平的难事儿。

这个东西很像邻里之间的相处。“邻居”是什么？就是每天抬头不见低头见，彼此相挨着过日子的家庭。常言道：勺子也会碰锅沿儿，邻里相处不可能没有任何矛盾；可是居家过日子，保不齐会有个难事儿、急事儿，又不能没有邻居的帮助和支援。退一步讲，即便你不求邻居帮忙，人家天天给你添乱，你也受不了啊！对吗？所以说，邻居之间的关系，真是像极了部门之间的关系。彼此相爱相杀又难舍难离。

那么，如何才能搞好邻里关系呢？最简单的办法就是：谁家做了好吃的，便主动盛一碗给对方送去。这是中华民族延续了几千年的邻里相处之道，确保了我们几千年的邻里和谐。兄弟部门也应该像这种邻里关系一样。希望团队管理者能够认知到这一点，至少在团队内部、公司内部，在部门之间彼此相处的时候，能够借鉴这种邻里之道的长处。预防摩擦，增进和谐，助力沟通。

再来说说利益捆绑。这是一种基于规则的硬手段。既然不同的部门之间如此相互依赖，发生摩擦时后果如此严重且处理起来如此艰难，那么不妨未雨绸缪，从一开始便切断摩擦的肇因，让摩擦不发生或至少少发生一些，这才是真正的治本之道。

那么如何才能做到这一点呢？

简单：利益捆绑。

方法如下：在对部门进行考核的时候，给兄弟部门一个参与考核的机会。也就是说，任何一个部门的考核过程，都必须有兄弟部门的人员参与打分。后者根据前者对本部门工作的配合情况打出分数，这个分数会对最终利益的分配产生直接影响，比如说会影响部门奖金的发放。

通过这种办法让对方对本部门的工作诉求有感。

必须强调的一点是，这种硬性利益捆绑的办法也有明显的缺点：如果分寸得当，处理得好，固然皆大欢喜；可如果分寸不当，处理不好，反而容易激化部门间的矛盾，疏远部门间的感情。

比如说，在实际操作中很有可能出现这样一种情况：或者不同的部门之间彼此都打高分，从而确保大家的利益都不遭受任何损失，哪怕在实际工作中双方有无数矛盾和摩擦；或者不同的部门之间彼此都打低分，以此报复对方、发泄不满，却不去做任何改进。换言之，大家彼此都有伤害对方的武器，那么与“屈从对方的要求，改变自己”相比，用手里的武器“威慑或报复对方”显然成本更低，更容易做到。

因此，任何硬性的、规则类的东西，都必须配以软性的、不成文的规则类的东西才能真正发挥效用。一味地硬打硬冲真的不是什么高明的职场之道。特别是对东方人来说，深刻地理解这一点尤为重要。

说到这里，想起一个真实的案例。十几年前，当我还在一家公司做管理副总的时候，经历过这么一件事。有个女孩子叫赵晓玲，是我们公司装具部的经理。由于进公司前她本人已经做过五六年的业务，有丰富的专业知识和工作经验，而刚好那个时候我们的装具经理辞职，公司正满世界地寻找人才，所以小赵一进来便顺理成章地当上了部门经理。

小赵是典型的“空降兵”，人际关系基础较弱。为了给她壮胆提气，夯实基础，塑造环境，我便领着她走遍了公司各部门，一再表示“赵经理是我的人。不看僧面看佛面，希望大家看在我的面子上配合她的工作，不要为难她”。我天真地认为，有了公司领导的“站台”，小赵今后的业务开展应该不会有什么大问题，会比较顺利。没承想事实很快便打了我的脸。小赵的装具部几乎和所有兄弟部门都闹了矛盾，工作开展举步维艰，几乎到了难以为继的程度。

仔细了解之下，我才知道原因。原来，小赵自恃有我的加持，无论走到哪儿，无论和兄弟部门发生什么矛盾，总是会把“公司领导”“公司制度”“公司利益”这些“大帽子”端出来，强行压制对方就范。不能说她的每一顶“帽子”都是错的，都是冤枉了人家；事实上，在大多数情况下，她是正确的。于公于私都正确，甚至无懈可击。问题在于，她的这种处事态度让人受不了，引发了众人的反感。时间一长，小赵几乎成了“过街老鼠”，所有兄弟部门的员工一提起她的名字直恨得牙痒痒。这就难办了。这就意味着即便她的诉求在很多情况下是正确的、合理的，别人也会给她挑毛病、找问题，或者暗中使绊子，让她寸步难行。

于是，有太多人跑到我这里，甚至老板那里告小赵的状；她本人也一而再再而三地跟我，甚至跟老板告许多人的状。她身上开始有了太多的“官司”。我就曾不止一次地帮她开“现场调解会”，把“原告”和“被告”找到一起，试图帮助他们解决问题。结果每次都沮丧地发现，即便“会”上能解决，乃至看似“圆满解决”的问题，一到

“会”下便立马打回原形，没有任何起色。

这样折腾了好几个月，我终于疲劳了。向老板请示，撤掉了小赵部门经理的职务。她本人似乎也如释重负，并没有表现出太多的负面情绪。

这件事让我颇为感慨。深深地认识到“过度重视成文规则，忽视不成文的规则”的危害。

不夸张地说，公司里的不成文的规则甚至常常比规则更重要。这样说当然不是鼓励大家漠视规则，恰恰相反，尊重不成文的规则，利用好不成文的规则往往能够极大地确保规则的落实，并让规则最大限度地发挥效率、提升效益。反之亦然，完全无视不成文的规则，过度重视规则，则常常会让规则流于形式，无法真正落地、结果。

希望我的这个小故事，能够给那些苦于无法打破部门间沟通障碍的人一些小小的灵感。

措施 3：换岗实习

换岗实习，也是解决部门间沟通问题的一个治本的方法。这一招既硬且软，可硬可软。既诉诸成文的规则，也诉诸不成文的规则。我们常说，沟通之所以无法妥协，无法结果，一个很大的问题在于“公说公有理，婆说婆有理”，沟通双方均无法做到换位思考。

可见，换位思考，是跨部门沟通的命门。谁搞定了这件事，谁就能掌握解开跨部门沟通难题的钥匙。

那么，这把钥匙是什么呢？

我能想到的，就只有“换岗实习”了。理由很简单，每个人都知道换位思考很重要，每个人在沟通遇到问题时也都会大力强调这一点。问题在于，“换位思考”这个事情，光靠“在道理上想明白”是没有用的。因为在道理上，没有人会想不明白，可即便想明白了，你照样做不到“换位思考”。

所以说，“换位思考”与其说是一个理性概念，不如说是一个感性概念。因此试图诉诸人们的理性去实现换位思考，往往是徒劳无功的。搞定这个事儿，只能诉诸人们的感性。而人们的感性从哪里来？从经验中来，从经历中来。有些事，不亲身经历一下是不可能真正明白的。

举个简单的例子。我很喜欢折纸，能折出许多不同种类的“小动物”“小昆虫”来。女儿爱不释手，比从商场高价买回来的玩具还喜欢。于是她便缠着我教她折纸的技巧。我自然义不容辞，立马手把手地教了起来。可没承想，无论我如何费尽心思、淋漓尽致地教，孩子就是学不会。哪怕把我那一套折纸的口诀背得滚瓜烂熟，就是不能准确地体现在手指头上，一上手准走样。一来二去，孩子急得直掉眼泪，我也逐渐失去了耐心，最后只好罢手。孩子噘着小嘴进屋，关着门生闷气。我的心里也倍感失落。但是，要强的小丫头并没有真的放弃。午睡的时候她一个人偷偷地溜进客厅，又一个劲儿地鼓捣起来。但见她嘴里念念有词，一边重复着我教的口诀，一边反复地做着尝试。没多久，便把那些“小动物”活灵活现地立在了桌子上。

她靠在沙发上得意地欣赏自己的作品，脸上满是成就感。一旁偷看的我也不禁长长地舒了口气，暗暗竖起大拇指。

可见，人的理性和感性往往是分离的；甚至大脑和四肢常常也不是一码事。脑子里明白的事儿，并不一定能够体现在四肢上；理性方面完全能够理解的事儿，却很有可能在感性方面遇到抵触——意味着即便脑子里很想帮你，情感上却不愿这样做。

这就是“换位思考”之所以看似简单，实则至难无比的原因所在。

这就需要“经历”来帮忙，有了切身的经历，换位思考这码事便会易如反掌。

“换岗实习”的目的，就在这里。

具体地说，每一个新入职的员工，都必须在所有兄弟部门轮岗实习。每个部门干上两三个月，过个一年半载之后再最终定岗。

这样做的好处就是：既然在一个地方待过、干过，这个地方的难处和痛点便能了如指掌、感同身受。那么，他日自己所属部门和曾经实习过的部门之间发生摩擦时，就比较容易做到换位思考，比较容易与兄弟部门达成妥协，拿出结果。不止如此，由于曾经在兄弟部门实习过，和那里的“战友”共同战斗过，必然会形成较为强烈、较为坚固的“革命情谊”。彼此之间有了感情，当遇到矛盾和摩擦时，自然也能从对方的立场着想，做出适当的让步，主动采取配合与协调的态度。

有人可能会说：这个方法不太靠谱。专业就是专业，有些专业之间不可能互相通融。有些事有些人干不了，你非让他干，他肯定抓瞎，干不出个所以然来，纯属资源浪费。你比如说，一个来应聘会计工作的人，你硬要让他去销售部实习，这不是赶鸭子上架、强人所难吗？

我的回答很简单：没错，这种事儿，还必须拿出点“强人所难”的劲头，才能真正弄成。

理由很简单，如果把强人所难视为资源浪费，也就是公司必须要付出的一种成本，那么这种“成本”和未来部门间摩擦得到顺利解决的“收益”相比，到底哪个更合算？一次性付出，终身受益。这种性价比显然是绝对合算也合理的。

当然，由于是外行，在兄弟部门实习时可以不用直接上手，正儿八经的工作还是交给专门人员来做，实习人员的任务就是观摩、了解，顺带干一点打杂、帮忙的活儿，比如说打字复印、端茶送水之类的琐事。这样"泡"上三两个月，就可以"出师"了。而且，如果在此过程中，实习人员还能多多少少学一点业务方面的技能，那更是锦上添花的好事。事实上，这种跨部门知识和技能的掌握，对于企业来说是一种非常重要的素质和战力，在日后的工作中迟早会派上大用场，其意义绝对不可小觑。

打个比方，一个销售人员掌握一些会计方面的知识，或者一个会计掌握一些销售方面的常识，不仅有利于自身的日常工作，让本专业的业务更熟练、更圆滑、更顺畅、更有效率，而且在部门间摩擦发生时，也更容易找到痛点，更容易想到方法，更容易达成妥协。

这就是"换岗实习"的意义所在。

总之，在某些情况下，没经历过的事，即便合理我也做不到，甚至不想做；而经历过的事，即便不合理我也想做，而且能做到。

这就是"经历"的威力，"感性"的威力。而这种威力直戳跨部门沟通的真正要害，可以说是一剂灵丹妙药。大家不妨拿来一试。

小结

任何硬性的、规则类的东西，都必须配以软性的、不成文的规则类的东西才能真正发挥效用。一味地硬打硬冲真的不是什么高明的职场之道。

第三节　融合：从企业文化的角度解决沟通问题

当一个公司的所有员工都能把部门间协作视为一种至高无上的荣誉乃至神圣不可侵犯的价值观时，部门间摩擦和部门间沟通还会是一个问题吗？

当然了，除了上述办法之外，搞定跨部门沟通的方法还有很多。比如说在公司内部形成一种机制：定期举行“跨部门沟通联席会议”，把所有业务联系较为紧密的部门的负责人乃至一些基层员工聚拢到一起，大家开一个会。会上可以畅所欲言、无所不谈、尽情发泄。只要不搞人身攻击，只要不用污言秽语，什么话题都能谈，言辞激烈一些也没事，发生一些局部的争议和争论也没关系。大家红红脸、出出汗，把心里话说一说，彼此碰撞一下，这样做大有好处。除了可能撞出一些火花来，拓出一条新路甚至杀出一条血路来，这样的头脑风暴还有利于大家增进理解、加深感情，有利于更默契的配合和更高效的合作。退一万步说，有些问题即便最终解决不了，通过这样的场合发泄一下心中的郁气，也可以让员工重新找回内心的平衡，让他们舒服一点、好过一点。那么定期的发泄，便能换来相对可持续的心理平衡，对公司的整体和谐也大有好处。

所以说有的时候沟通未必能解决问题，但将心里话一吐为快，也算沟通的某种成功。关键在于说出来，而不是憋在心里。憋来憋去，就会憋出更大、更多的问题。

不过还是那句话：会议的主持人，也就是公司领导要严格控制会场氛围。万万不可让气氛走入极端，否则将适得其反。非但没有解决摩擦反而增加更多的矛盾，那就得不偿失了。

还有一种方法可以尝试一下。设立一个奖项——最佳协力奖。表彰那些在团队配合，特别是部门间配合方面表现出色的部门和个人。将这个奖项作为公司最高奖励手段大力推行。由大家一起来打分，哪个部门或个人的综合得分最高，就能赢取这个奖项。获奖者将在物质和精神两个方面得到重大回报。将该奖项的评比和颁奖工作运作成一年一度的盛事，将其捧上神坛，令所有人神往不已。当然，这件事绝非一朝一夕之功，必须保持耐心、坚持不懈，他日一旦成功，便可一劳永逸地解决跨部门摩擦和跨部门沟通的难题。

这里特别需要强调两点：一个是务必信守承诺，一个是务必保持耐心。

就是说只要确立了这个奖项，就必须将这个奖项所承诺的物质和精神奖励扎扎实实地落实下去，且不可偷工减料、蒙混过关。只有这样才能取信于民，让你的员工发自内心地信任这个奖、向往这个奖，从而拿出切实的努力去争取这个奖。换言之，“信任”是让这个奖项得以成立并能够长期持续下去的关键，一旦失去信任，你的所有努力都将瞬间付诸东流。

如果觉得这个奖项成本过高，无法长期兑现，不妨做一些小小的调整，适当减少物质奖励的占比，增加精神奖励的成分。

比如说，无论是哪个部门或个人能够得到这个奖，那么接下来的一年，要在全公司范围内掀起一场轰轰烈烈的“学先进，赶先进”活动。将获奖部门和个人的先进事迹一一罗列出来，整理成册，让他们亲自登上公司的讲台，给同事们进行深入的宣讲，然后再请接受宣讲的员工登台表态，说说他们内心的真实感受。这样做既能增强先进人物自身的荣誉感，激发他们保持荣誉乃至更上一层楼的强大动机，又能刺激兄弟部门及其基层员工的竞争欲，在公司内部形成一种你追我赶的良性竞争局面。

树立榜样：通过各种措施引导价值观

常言道：榜样的力量是无穷的。树立榜样，本是我们中国人非常熟悉的精神激励方式，可惜近些年来却被大多数民营企业所无视，所抛弃。这是因为现在的企业管理者已经不太相信精神激励的作用，将过多的注意力放在了物质刺激上面。殊不知物质激励本身就具有两面性，过分的物质刺激甚至有可能适得其反，给公司培养出一大群“吃肉骂娘的白眼狼”。

当然，精神激励要想做好并不容易。很难做到真正的公平公正，许多人会不满意、不服气。所以操作时一定要慎之又慎，一定要在制度设计上下足功夫，要让全体员工都能够参与进来，以使最终结果呈现极强的说服力。

不过，追求绝对公平没有必要。只要尽了力，即使依然会有一些不满和不服的声音也没关系。这个机制最终的形态应该是这样的，亦即“如果有谁不服，那么只要他敢于提出挑战，敢于付出努力，他自己也会有充足的获奖机会”。做到这一点，就能确保整个机制大体上的公平与平衡。

除了信守承诺，保持耐心也极为重要。

如果你仅仅出于心血来潮，三天打鱼，两天晒网，那么再好的激励机制也难以持续下去。

特别需要指出的是，既然我们的终极目的是将这个奖项捧上神坛，令其在员工心中具有某种神圣地位，那么这件事就绝非一朝一夕之功。

可以很容易地想象，这个事儿从一开始效果就不太明显，令员工意兴阑珊；又或者刚开始效果非常明显，办上两期之后光环便逐渐褪去，令员工的兴趣由浓转淡，最后还是意兴阑珊。

这个时候，事情的成败就全靠"耐心"二字了。

谁更有耐心，能咬牙坚持住，谁就能笑到最后，反之亦然。

放眼世界，那些在世界人民心中至高无上的荣誉，没有哪个是一帆风顺、一蹴而就的。无论是奥运会、世界杯还是奥斯卡，哪一个不是历经风雨才终见彩虹的？

罗马不是一天建成的，"造神"运动也没那么简单。它需要时间、需要积累，需要量变产生质变——这一切都需要"耐心"地浇灌，"耐心"地等待。

最佳协力奖：南国株式会社的实践

说到这里，想起一个真实的案例。

日本南国株式会社，是丰田公司在日本境内规模最大、业绩最好的连锁经销商。这家公司牛到什么程度，说出来可能你都不大相信：

他们的每家连锁店，可以做到平均每15秒钟卖出去一辆车。没错，是每15秒钟一辆车！

这样的业绩奇迹是怎样创造的呢？

理由有很多，其中一个重要的要素就是：令人惊叹的团队协作精神。

众所周知，日本人最擅长的就是团队协作，而这家公司更是把这一长处发挥到了淋漓尽致的程度。

老板的秘诀很简单，就是把“团队协作”这一点推向神坛，成为每个员工心中神圣不可侵犯，至高无上的价值观。

在这家公司里没有任何考核。既不存在软指标考核（比如说对迟到早退、工作效率等方面的考核），也不存在硬指标考核（比如说对销售业绩的考核），所有员工就是论资排辈，拿死工资。但是，这家公司却设立了一个至高无上的奖项，也是唯一的奖项——最佳协力奖。一年评选一次。所有员工都可以参与评奖，每个人既是打分者，也是被打分者。年终雀屏中选的人也没有任何物质奖励，就是开一个会，发一个奖杯，公司所有同事照一张合影；然后奖杯归个人，合影会被“请”进一间专门的“公司历程展览室”。

这个奖项可不简单，那几乎是一种终身荣誉，一种身份的象征。得到这个奖的员工会被所有同仁艳羡、尊敬，并被当成学习、追赶的榜样。获奖者本人自然也是志得意满、走路带风，浑身跟打了鸡血似的充满干劲。

正因如此，得到这个奖所带来的刺激是惊人的。获奖者常常会在领奖台上痛哭失声，情绪不能自已。

关于这个奖，有这样一个小伙子的经历令人印象深刻。

小伙叫加藤，只有高中学历，家庭环境不好，很早就出来打工养家。由于对南国丰田株式会社仰慕已久，加藤曾不止一次地应聘这家公司，却次次落榜。因为这家公司名气太盛，应聘者如云，对新人来说有着极高的门槛。

加藤却并不放弃，经过一次又一次的努力，终于得到在公司里做学徒工的机会。也就是所谓的“非正式社员（职工）”“编外人员”，其性质依然是打工者。可即便如此，能够进入心仪的公司工作，加藤也异常兴奋，极其珍惜这来之不易的机会。

一连两年，他都没能转正。在这两年里，他几乎干遍了公司所有部门的所有岗位，哪怕就是扫地擦桌子、端茶送水，一次又一次地为同事跑腿，他也干得一丝不苟，好像自己做的每一件事都是天大的事，都值得全身心地投入，献出自己所有热情。

所以同事们就会看到这样的加藤：在公司里，他永远是一路小跑，鲜少有步行的时候。且对他而言，没有所谓的“分内”“分外”之说，所有的事情都是“分内”。所有同事都可以将任意一件事拜托给他，而且绝对不用担忧事情的结果。

就这样，两年后加藤终于得到了那个至高无上的荣誉——最佳协力奖。那一天的加藤红着双眼站在领奖台上，声音哽咽，不知道自己到底都说了点什么，只看见同事们给他一个劲儿地鼓掌，于是自己也只能一个劲儿地鞠躬来回应这些掌声……

顺便说一句，即便拿到这个奖，加藤依然没能转正，没能正式成为这个大家庭中的一员。当前来采访的记者问他是否感到委屈时，他淡淡地说：我这么拼命地努力，并不是为了得到一个什么了不得的“身份”。如果我这么想，那么当我得到这个身份时，可能就会懈怠，拿不出从前的干劲了。我相信老板之所以不让我转正，心意也在于此，他是为了我好。只要我能不忘初心，将目前这种工作状态永远地持续下去，相信迟早有一天我会得到那个“身份”，这是自然而然的事情。反过来说，如果我懈怠了，不能继续努力下去，那么即便拿到了“身份”，也必然会再次失去。那可不是我想要的人生。

从加藤这个小伙子的案例中，我们可以深刻地体会到：当某种荣誉不再仅仅是荣誉，而成为一种神圣的价值观时，它对人类的影响是多么大、多么深、多么不可逆转！

那么，当一个公司的所有员工都能把团队协作，特别是部门间协作视为一种至高无上的荣誉，乃至神圣不可侵犯的价值观时，部门间摩擦和部门间沟通还会是一个问题吗？

可见，解决跨部门沟通难题的终极手段，就是做到跨部门之间的真正融合，真正实现“公司一盘棋”。没有了“跨部门”，就等于大家都身处“同一个部门”，那么即便发生摩擦，也就成了“本部门”“自己人”的事儿，沟通起来岂不容易得多？或者换一个角度来说，如果能够消灭“跨部门”，那么摩擦本身发生的概率也会小得多。没有了摩擦，自然也便不再需要什么沟通。这样就能一劳永逸地解决这个长期困扰我们的大问题。

最后顺便说一句，南国丰田株式会社的老板搞这个“最佳协力奖”，最初是从 20 世纪 80 年代开始的。这几十年一路走来，遇到过许多风风雨雨、曲折挫败，老板也曾失望过、沮丧过，想到过放弃。而每当这个事儿濒临夭折的时候，反而是他的员工和中层管理者给他鼓励和信心，让他能够一直咬牙坚持了下来。当然，这个奖项的运营逻辑、基本架构和具体内容也曾经历过无数调整、改善和丰富，最后的形态是一种真正的“极简状态”，没有过多的繁文缛节，干脆利落、一针见血，反而做到了真正意义上的“高大上（高端、大气、上档次）”，令人心生敬畏、心驰神往。

天下武功，唯“坚持”不破。

相信这位老板与这个奖项的经历，能够给我们的管理者也带来一些有益的启示。

小结

如果能够做到部门之间的融合，那么摩擦本身发生的概率也会小得多。没有了摩擦，自然也便不再需要什么沟通。这样就能一劳永逸地解决这个长期困扰我们的大问题。